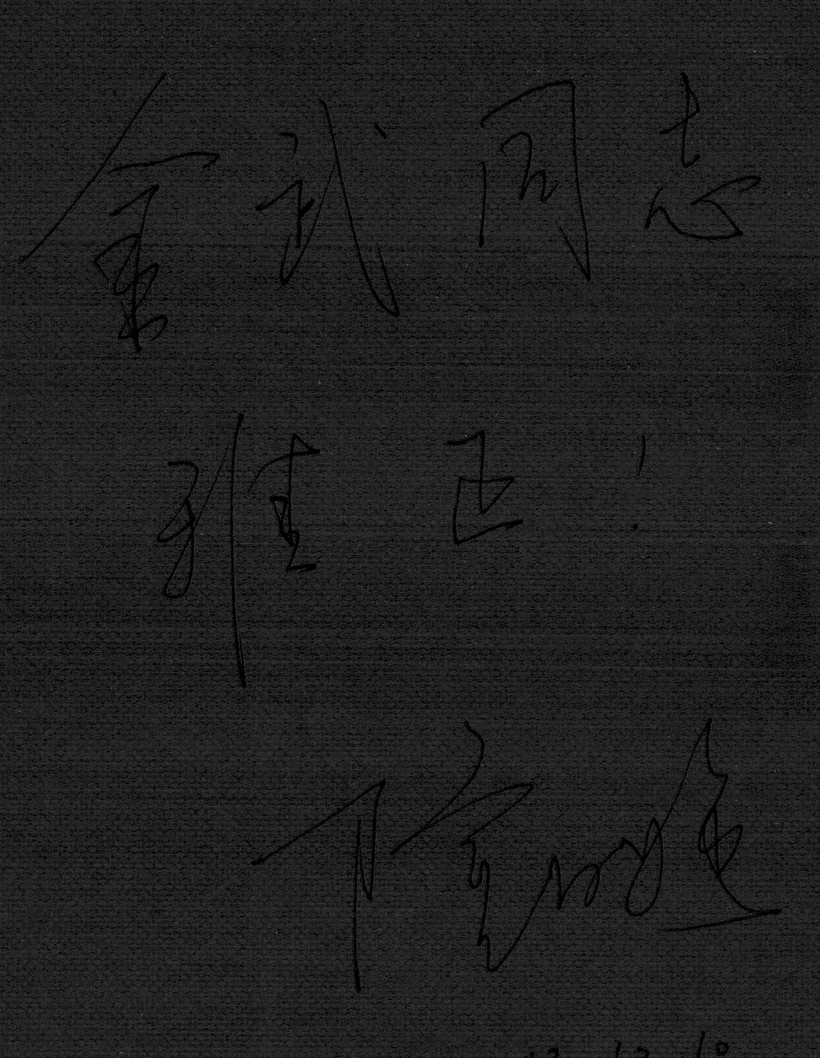
金武同志
雅正！
2013.10.10

DRC 丛书主编·李 伟

国务院发展研究中心研究丛书2013

大调整时代的世界经济

The Great Adjustment: Main Features and Trends of the World Economy

隆国强 等◎著

中国发展出版社
CHINA DEVELOPMENT PRESS

图书在版编目（CIP）数据

大调整时代的世界经济/隆国强等著．—北京：中国发展出版社，2013.6
（国务院发展研究中心研究丛书/李伟主编．2013）
ISBN 978-7-80234-966-7

Ⅰ.①大… Ⅱ.①隆… Ⅲ.①世界经济—研究报告 Ⅳ.①F11

中国版本图书馆 CIP 数据核字（2013）第 124324 号

书　　名：大调整时代的世界经济
著作责任者：隆国强等
出 版 发 行：中国发展出版社
（北京市西城区百万庄大街 16 号 8 层　100037）
标 准 书 号：ISBN 978-7-80234-966-7
经　销　者：各地新华书店
印　刷　者：北京科信印刷有限公司
开　　本：700mm×1000mm　1/16
印　　张：13.75
字　　数：170 千字
版　　次：2013 年 6 月第 1 版
印　　次：2013 年 6 月第 1 次印刷
定　　价：36.00 元

联 系 电 话：（010）68990630　68990692
购 书 热 线：（010）68990682　68990686
网 络 订 购：http：//zgfzcbs.tmall.com//
网 购 电 话：（010）88333349　68990639
本 社 网 址：http：//www.develpress.com.cn
电 子 邮 件：bianjibu16@vip.sohu.com

DRC

2013
国务院发展研究中心研究丛书
编委会

“大调整时代的世界经济”
课题组

总负责人	李　伟	刘　鹤	
研究负责人	隆国强		
协调人	罗雨泽		
课题组成员	赵晋平	张　琦	张丽平
	方　晋	胡江云	王忠宏
	何建武	吕　刚	许宏强

总　序

深化体制改革　促进转型发展

国务院发展研究中心主任　李伟

党的十八大提出了到2020年全面建成小康社会的宏伟目标。届时，按不变价计算，城乡居民收入水平比2010年实现倍增。要实现这一宏伟目标，到2020年前，我国GDP年均增长速度需要略高于7%。如何在转变发展方式的基础上保持经济较快增长，实现全面建成小康社会的宏伟目标，对我们的工作提出了新的要求。

未来中国经济发展面临着全新的国际环境。全球金融危机爆发后，世界经济进入了大调整大转型时期。发达经济体难以在短期内恢复高速增长，世界经济进入低速增长新阶段。全球性产能过剩问题加剧，国际市场竞争更加激烈，贸易投资保护主义有所抬头。区域贸易安排取代多边贸易体系，成为贸易投资自由化的主要形式，发达国家正按照自身利益酝酿新的贸易投资规则。三大主要经济体同时采取宽松的货币政策，导致全球性流动性过剩，对国际资本流动、全球金融市场的稳定均产生巨大影响。能源供求结构与格局深刻变化。主要发达经济体在救助金融危机和刺激经济的同时，实施“再制造业化”战略，重视新兴产业发展，推动经济加速转型。国际环境的变化，蕴含着新的机遇与挑战，战略机遇期的内涵与条件发生了重要变化。

中国经济发展进入了新阶段。我国已经进入了中等收入国家的行列，潜在经济增长率将出现下降，经济增长动力正处于转换之中。我国比较优势也在发生深刻变化，以往支撑我国参与国际分工与竞争的低成本劳动力优势正在快速削弱，劳动密集型产品在国际市场上面临着日益激烈的挑战。

转变发展方式刻不容缓。依靠要素投入驱动的经济发展方式难以为继，不平衡、不协调、不可持续的矛盾日益尖锐。经济结构不合理的问题日益严重，影响社会和谐稳定的矛盾更加突出，产能过剩、房地产泡沫、地方融资平台蕴含的金融风险等问题不可忽视。年初华北地区大面积持续的雾霾天气，不仅突显了资源环境问题的严重性，更反映了转变发展方式的紧迫性。

既要转变发展方式，又要保持经济稳定增长，唯一的出路是深化体制改革。体制机制是决定经济发展方式的根本因素，老的体制机制决定了老的发展方式。要转变发展方式，必须要有一套新的体制机制，否则，转变发展方式只能是纸上谈兵。除此之外，抓住新的发展机遇，释放经济增长的潜力，同样需要进一步深化改革。

深化改革要坚持不断完善社会主义市场经济体制。深化改革的关键是处理好政府与市场、政府与社会的关系，要尽可能把市场与社会可以自行承担的职能交给市场和社会，要用体制机制用好、管好政府这只“看得见的手”，充分尊重市场这只“看不见的手”，真正发挥市场机制在资源配置中的基础性作用。

改革进入深水区，需要我们用极大的智慧与勇气推进改革。各种体制盘根错节，相互影响，牵一发而动全身，改革不能零打碎敲，必须做好改革的顶层设计，系统化推进。

国务院发展研究中心是直接为党中央国务院决策服务的政策研究咨询机构。我们始终坚持围绕中心、服务大局的方向，开展政策研究，将战略性、综合性、全局性和前瞻性的重大战略问题研究与对经济社会发展中的热点、难点、焦点问题研究有机结合，力争为党中央国务院决策提供“管用”的政策建议与解决方案。

2013 年的“国务院发展研究中心研究丛书”共包括 16 本著作，是过去一两年我中心部分政策研究成果。《改革攻坚（上）——改革的重点领域与推进机制研究》和《改革攻坚（下）——推进经济体制重点领域改革研究》是对下一步经济体制改革的总体设计，是我中心重大课题研究成果。丛书中还收录了对特定领域改革的研究成果，如《稳定与完善农村基本经营制度研究》《利率市场化改革研究》。关于转型发展方面的研究成果则包括：《中国制造业创新与升级——路径、机制与政策》《中国企业转型发展调查研究》《要素成本上涨对中国制造业的影响及相关政策研究》《大调整时代的世界经济》《全球农业战略：基于全球视野的中国粮食安全框架》《完善城镇化进程中的社会政策》《人口倒挂地区社会管理研究》等。针对经济社会发展中的热点问题，丛书重点收录了建立房地产市场调控长效机制的研究成果，包括《中国住房市场：调控与政策》《土地供应制度对房地产市场影响研究》。另外，丛书还收录了关于经济社会发展中一些新趋势、新问题的研究，如《中国云计算应用的经济效应与战略对策》《中国场外股权交易市场：发展与创新》《中国中长期负债能力与系统性风险研究》。

我们正在着力建设“一流智库”，不断提高政策研究的水平与质量。尽管如此，从书中收录的研究成果，可能还存在种种不足，希望读者朋友不吝赐教，提出宝贵意见与建议，帮助我们不断改进。我衷心希望，社会各界都能够关心支持政策研究与咨询工作，为实现中华民族伟大复兴的“中国梦”，不断作出新贡献。

2013 年 6 月 3 日

目录
Contents

总报告

大调整时代的世界经济

国际金融危机爆发后，世界经济进入大调整、大转型时代。未来五年，世界经济将呈现出一些不同于以往的趋势与特点。世界经济增长速度回落，转入低速增长时期；新兴经济体成为世界经济增长的新引擎；发达国家力推制造业振兴，发展中国家对外投资加速，成为推动全球价值链分工的两大新动力；“创新发展”备受重视，新兴产业蓄势待发，争夺产业与技术制高点的竞争更趋激烈；全球能源结构与供求格局深刻变化；发达国家为应对危机而采取的宽松货币政策将导致全球范围的流动性过剩，加剧金融动荡与通货膨胀；全球经济治理变革加速推进；区域一体化成为推动贸易投资自由化的重要形式。主要经济体增长前景分化，美国将保持温和增长，欧洲经济仍将处于金融危机之中，日本经济仍难以摆脱失速状态，新兴经济体增速有所回落，但明显高于发达经济体。世界经济的大调整令我国发展的外部环境出现诸多新变化，挑战与机遇的内涵不同以往，我国必须坚持扩大开放的基本国策，创新对外开放的战略与模式，构建参与全球竞争与合作的新优势，才能在世界经济大调整中趋利避害，趁势而上。

一、世界经济的主要趋势

（一）世界经济转入低速增长期

2007 年之前，世界经济经历了长达十多年的高速增长与繁荣时期，尤其是 2004～2007 年期间，全球经济年均增长速度达到 3.9%，比近 30 年来的平均增长速度高近 1 个百分点。以美国为首的发达国家是世界经济的火车头。世界经济的高速增长得益于四个重要因素：一是以信息通信技术、互联网为代表的技术革命；二是经济全球化的红利；三是 1991 年苏联解体，冷战结束带来的和平红利；四是 20 世纪 80 年代以来各国的体制调整与开放政策带来的制度红利。

2008 年美国次贷危机引发的国际金融危机终结了世界经济的繁荣。2009 年末，美国次贷危机让位于欧洲主权债务危机，金融风暴的中心从美国转至欧洲。美、欧、日三大发达经济体均陷入低迷，过去两年发达经济体整体增速仅仅略高于 1%；这也拖累世界经济步入了低速增长时期。据本课题组预测，未来十年世界经济平均增速将降至 2.9%，明显低于金融危机前五年的 3.6% 和危机前 20 年的 3.1%～3.2% 的平均增速。

导致未来世界经济低速增长的原因是多方面的。一是国际金融危机的冲击。发达国家普遍面临着高负债、高赤字、高失业和低储蓄的结构性问题。美、欧等重灾区经济体需要相当长的一段时期才能走出困境，其政府、企业、家庭通过“去杠杆化”来修复资产负债表并非易事。二是世界经济处于康德拉季耶夫长周期的下行阶段（见专栏 1）。新一轮产业革命尚处于孕育期，五年内难以成为世界经济增长的主要动力。三是发达国家和中国人口快速老龄化（见图 1），全球人口总抚养比将自 2015

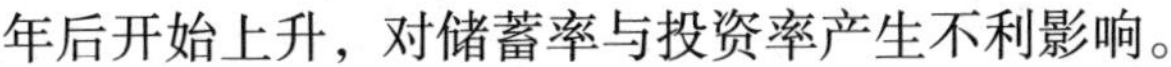

年后开始上升，对储蓄率与投资率产生不利影响。

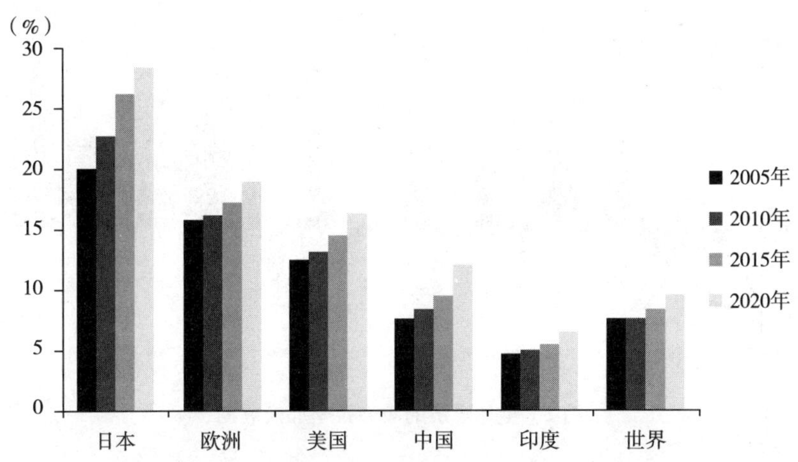

图1　主要经济体人口老龄化前景（65岁以上人口占比）

数据来源：联合国数据库，2015年及2020年为预测中间值。转引自罗雨泽《欧盟经济的基本面与走势》。

专栏1　康德拉季耶夫长周期

1926年，俄国经济学家康德拉季耶夫提出长周期或长波理论，认为全球经济发展过程呈现周期性波动，每个周期历时50～60年，即康德拉季耶夫周期。每个周期可以划分成上行和下行阶段或者是复苏、繁荣和衰退阶段。通常每个周期都伴随一轮新的产业革命，当经济处于周期的下行阶段或者衰退阶段时，为了摆脱困境、实现经济的复苏，对科技创新的投入往往会大幅增加，新一轮产业革命开始进入孕育期。新的产业革命走向产业化和出现大规模应用，将带动经济进入上行阶段或者复苏、繁荣阶段。目前，全球经济正处在康德拉季耶夫周期的下行阶段，新一轮产业革命尚处于孕育期。

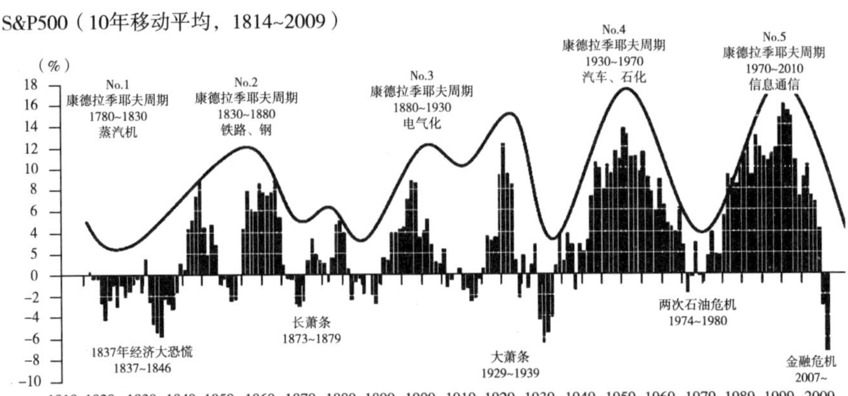

图2　全球经济的康德拉季耶夫周期

资料来源：转引自 Allianz Global Investors（2010）。

（二）新兴经济体成为世界经济增长新引擎

发达国家由于占世界经济份额高，长期以来是推动世界经济的主要引擎。未来五年，发达国家经济减速，在全球经济份额下降，对世界经济增长的贡献明显下降。新兴经济体对世界经济增长的贡献将更加重要，成为世界经济增长的新引擎。

新兴经济体占世界经济的份额持续上升。从经济总量看，2000 ~ 2011 年，代表主要发达国家的七国集团（G7）① 在全球的比重从 66% 下降到 48%，而 24 个新兴经济体（E24）② 的占比则从 16% 上升至 29%，经济总量已接近 G7 的 2/3。从经济增长的增量看，2008 ~ 2011 年全球经

① 包括美国、日本、德国、法国、英国、意大利、加拿大。

② 关于新兴经济体界定，并无公认的标准。这里采用了国际货币基金组织的新兴经济体名单，将阿根廷、巴西、保加利亚、智利、中国、哥伦比亚、匈牙利、印度、印度尼西亚、拉脱维亚、立陶宛、马来西亚、墨西哥、巴基斯坦、秘鲁、菲律宾、波兰、罗马尼亚、俄罗斯、南非、泰国、土耳其、乌克兰、委内瑞拉这 24 个发展中经济体（以下简称 E24）作为新兴经济体。

济总量累计只增长了6.4%，其中近90%来自发展中国家。未来五年，发达国家经济增长总体仍将处于低迷状态，发展中经济体将成为世界经济增长新的火车头。据国际货币基金组织估计，2012～2017年间，欧盟占全球GDP的比重将从23%下降到20.2%，美国将从22%下降到21.3%，日本将从8.4%下降到7.1%。据美国国家情报委员会最新公布的研究报告《2030全球趋势：不一样的世界》，中国在2000～2020年间的GDP增长将占世界GDP增长的55%。需要指出的是，由于经济全球化不断深化，各经济体的相互依赖日益加深，新兴经济体也不可避免地受到发达国家增长低迷的拖累，增长速度虽然高于发达经济体，但与自身比，增速也会有所下降。

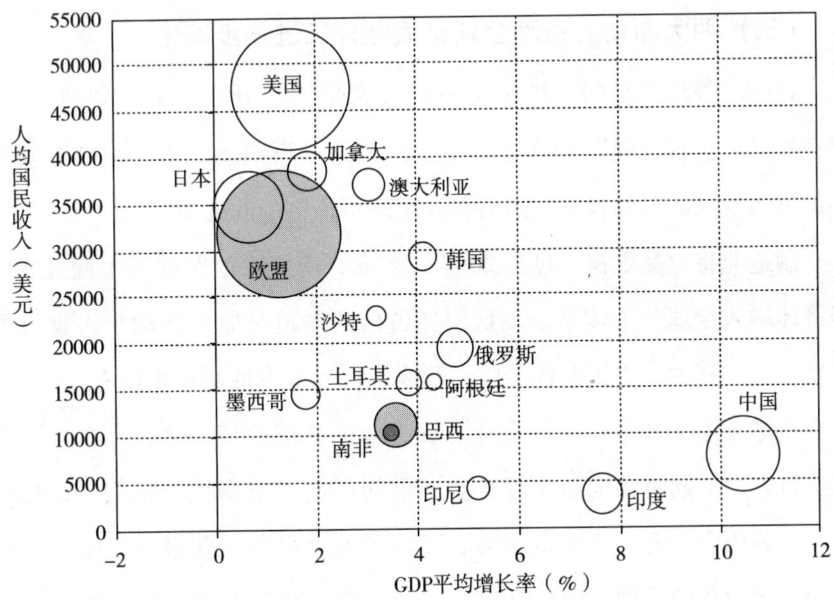

图3　主要经济体不变价GDP平均增长率（2000～2010年）与人均国民收入（2010年）

数据来源：Eurostat，the United Nations Statistics Division，the World Bank，转引自罗雨泽，《欧盟经济的基本面与走势》，圆圈表示经济规模大小。

新兴经济体和发展中国家在全球贸易与投资中的地位日益重要。从贸易量看，2000～2011 年，G7 占全球进口的比重从近 50% 降至 37%，同期 E24 占比则从 16% 左右提高到 28%；2011 年，发展中国家占全球制成品出口的比重已升至 40.4%①。在跨境投资方面，2000～2011 年，G7 占全球对外直接投资存量的比重从近 72% 下降到 53%，E24 则从 3% 提高到 8%。从流量看，2011 年来自发达国家的跨境投资占全球比重从 2007 年的 84% 下降到 73%，同期发展中国家占全球对外投资份额从 13% 上升到 23%。从投资流入情况看，2012 年，发展中国家吸收的外国直接投资达 6800 亿美元，有史以来首次超过发达国家，多出 1300 多亿美元。

（三）两大新动力推动全球价值链分工进一步深化

各国发展理念趋同，越来越多的国家采纳“开放发展、创新发展、绿色发展、包容发展”的理念。发达国家的“再制造业化”战略和发展中国家大规模的对外投资，成为整合全球价值链的两大新动力。

制造业将更受重视。过去 20 年，东亚、南亚等地区的一大批发展中经济体融入全球分工体系，在低附加价值的制造与服务活动中占据日益重要地位，其中，中国取代美国一跃成为世界最大的制造大国②。发达国家在全球分工体系中转向制造业与服务业的高端价值环节，在享受低成本进口好处的同时，也面临着日益严重的产业“空洞化”挑战，结构调整和失业压力上升。金融危机后，发达国家反思危机前过度追求经济服务化、虚拟化的教训，纷纷推出了“再制造业化”战略。围绕制造业振

---

① 资料来源：世界贸发组织《Handbook of Statistic 2012》，2012 年 12 月 13 日公布。

② 据联合国贸易会议数据，2010 年中国制造业增加值占全球份额达到 18.7%，超过美国的 18.5%。中国份额在 10 年中增加了 10.5 个百分点，而美国下降了 7.6 个百分点，日本下降了 7 个百分点。

兴，美国政府制定了包括基础设施更新、人力资源提升、五年吸引1.5万亿美元外商直接投资的“选择美国”计划、“五年出口倍增”等一揽子措施。法国、日本等发达国家也制定了振兴制造业的类似计划（尽管名称各不相同）。2012年10月欧盟委员会出台新的工业政策（被称之为“新工业革命战略”），拟将工业增加值占欧盟GDP的比重从目前的15.6%提高到2020年的20%①。发达国家试图借此在具有比较优势的产业或价值环节上进一步增强国际竞争力，实现振兴制造业的目标。发展中国家特别是一批新兴经济体将加速推进工业化。可以预期，全球制造业供给能力将快速扩张，在需求不振的形势下，未来世界经济可能面临更加严重的产能过剩和更加激烈的国际竞争。

来自新兴经济体的对外投资将成为整合全球价值链的新动力。近20年来，跨境投资迅猛增长，未来五年将会在高位上波动。长期以来，来自发达国家的跨国公司一直是全球生产价值链的主导力量，通过在全球的布局推动价值链分工（或“工序分工”）深化。发展中国家正在崛起成为重要的对外投资来源，占比从2007年的13.3%上升到2011年的22.6%。发展中国家的跨国公司数量与规模快速增加，2010年，来自发展中国家和转型经济体的最大100家跨国公司的海外资产规模达到了1.07万亿美元，海外销售收入达到了1.11万亿美元，海外雇员达到了372万人。发展中国家对外投资的目的、国别均与发达国家的跨国公司不尽相同。在全球生产价值链整合中，发展中国家将更为主动。随着发达国家与发展中国家双向投资规模的持续扩大，价值链分工不断深化，各国利益更加融合，国际竞争将更加激烈，合作也将更为深入②。

① “工业革命让工业重回欧洲”，欧盟经商处，2012年10月16日。

② 近日，联合国、世界贸易组织和经合组织开展的全球价值链国际贸易核算结果表明，全球出口中包含的进口含量从20年前的20%上升到40%，限制进口的保护政策可能影响一国的出口竞争力。

（四）“创新发展”备受重视，新兴产业蓄势待发

从历史经验看，重大的危机往往会激发新一轮技术革命。作为应对金融危机的战略措施，美国等发达国家政府更加重视新技术研发与新产业发展。美国政府2009、2011年两度发布《创新战略》；英国政府发布了《技术蓝图》报告，明确提出英国要努力成为世界上最具吸引力的创新科技投资之地；德国出台了《纳米技术2015行动计划》、“生物经济2030国家研究战略”、《可再生能源法》等一系列科技计划。日本、韩国政府也制定了面向未来的技术创新战略。发达国家在研发投入总量、技术储备、人才与产业基础等方面仍将占有明显优势，继续引领全球技术创新的方向。

面对科技创新日益激烈的国际竞争，新兴经济体也不甘落后。俄罗斯发布了《俄罗斯联邦2020年创新发展战略》，印度提出2020年成为知识型社会与全球科技领导者的目标。巴西提出“创新产生竞争力，竞争力促进增长”的科技政策口号。中国则大力推进创新型国家的建设。新兴经济体在技术研发上急起直追，2000～2009年，中国、南非和俄罗斯的年均研发费用支出增长率分别达到18.5%、8.0%和6.9%，而同期美国的增长率只有2.1%，新兴经济体研发投入增长率明显高于OECD国家。据《全球研发投资预测》①，2013年美国研发投资将达4240亿美元，增长1.2%；中国研发支出为2220亿美元，增长11.6%，印度研发投资为450亿美元，增长超过12%。未来新兴经济体研发投入能力不断增强，将继续增加研发投入，如果措施得当，可能取得更多的局部领先。

针对日趋活跃的技术创新，西方有学者提出“第三次工业革命”的

---

① 美国巴特尔研究所（Battelle Memorial Institute）每年1月发布全球主要经济体的研发投入情况。

概念。从近中期看，信息技术的深度应用将是创新最为活跃的领域，云计算、大数据、虚拟现实、移动互联网、物联网等将不断拓展新的应用领域与模式。信息技术与制造业深度融合，推动3D打印、智能机器人、人工智能等加速发展。美国页岩气开采技术的突破与大规模应用，对全球能源价格、能源结构和能源地缘政治将产生深远影响。生物技术、新能源、新材料技术等领域也孕育着技术突破。但是，未来五年，尚难看到可以产生革命性影响的重大技术突破，新兴产业仍处于产业化的初级阶段，尚难以担负引领世界经济走出困境的重任。

未来各国围绕人才、资金、技术与标准、知识产权、市场的争夺将更加白热化，在产业与技术领域的竞争将更加激烈，合作也将更加广泛多样。

（五）全球能源结构与供求格局深刻变化

国际能源领域正处在大变革时期。一是能源结构将发生重要调整。2005～2011年，太阳能和风能的年均增长率分别达到61%和25%。风电已连续五年成为欧盟第一新增电源。美国页岩气呈现爆发式增长，2011年美国页岩气产量是2000年产量的15倍，占其天然气总产量的34%。2009年美国超过俄罗斯成为全球第一大天然气生产国。未来全球能源结构将进入油、气、煤、可再生能源、核能五足鼎立的新格局，可再生能源和非常规油气成为新的快速增长的两个领域。

二是国际石油供求格局出现重大变化。非常规石油资源带动石油储量增长，美国页岩油的勘探开发成为未来石油资源新增量的重要来源。石油消费中心东移，生产中心西移。东亚及太平洋地区正成为新的石油消费中心，占全球石油消费的比重从1990年的21%提高到2011年的32%，其中中国和印度2000～2011年新增石油消耗占全球新增石油消耗的87%。美洲正逐步成为新的石油生产中心。美洲占全球石油资源量的比重从1990年的19.2%提高到2011年的32.8%。

三是世界能源地缘政治将出现新的格局。美国能源独立取得重要进展，能源自给率从2005年的69.2%提高到2011年的81.4%①，减少了对中东地区的依赖，为美国的全球战略布局调整提供了巨大空间。中东、北非地区一些产油国政治动荡和存在战争风险，给全球石油市场带来不确定性。

气候变化日益成为国际社会普遍关心的重大全球性问题。尽管各国在二氧化碳减排上存在分歧，但在应对气候变化上，各国达成多项共识，为进一步展开双边和多边磋商、达成新的具有普遍法律约束力的协议奠定了基础。各主要经济体也都制定了战略规划和行动计划，出台低碳政策，开展技术研发与创新，增加投入，力争在新一轮国际经济结构调整和应对全球气候变化中占据有利地位。欧委会提出将欧盟建设成为一个具有竞争力的低碳社会，到2020年和2050年将碳排放总量分别减至1990年水平的20%和85%～90%。美国加大基础研发投入力度，以加利福尼亚州为代表的地方政府推出了更为严格的排放标准和监管措施。日本制定了“低碳社会行动计划”，将低碳社会作为未来的发展方向和政府的长远目标。

（六）全球流动性过剩，金融动荡与通货膨胀压力增大

金融危机后，出于救助金融危机、刺激经济增长、降低融资成本和稀释外债成本等多重目的，美、欧、日三大经济体同时采取了宽松的货币政策，未来世界经济将面临严重的流动性过剩局面。

---

① 资料来源：美国能源署的《2012能源展望》。

全球流动性过剩将产生一系列严重后果，导致国际金融市场的持续动荡。一是可能导致大宗商品价格高位振荡，加剧通货膨胀压力。二是加剧跨境资本流动。逐利是资本的本性，过剩的流动性会四处寻找高回报的机会，在不同国家之间套利，从而加剧跨境资本流动，并可能冲击各国金融市场甚至宏观经济的稳定。新兴经济体由于其相对较好的增长前景，将成为资金流入的重要选择。三是加剧汇率波动，发达经济体通过宽松的货币政策压低本国货币的汇率，推动各国间竞争性贬值。新兴经济体面临较大资金流入压力，可能推高其汇率。四是可能在局部形成新的资产泡沫，积累新的金融风险。五是美国将多方维持“美元霸权”。美国宽松货币政策可能导致美元的贬值，加之美国经济相对地位的下降，对美元的国际地位产生不利影响。面对其他货币的挑战，美国出于战略利益考虑将多方维护“美元霸权”，对任何潜在的竞争货币采取打压措施，从而影响国际金融市场的稳定。

（七）全球经济治理机制变革加速推进

国际金融危机的直接原因有所不同，美国次贷危机源于房地产泡沫破灭和过度金融创新；欧债危机源于政府过度负债。但深层次的原因则是现有的国际治理机制跟不上经济全球化和虚拟化的步伐，经济治理国家之间缺乏协调，金融体系缺乏有效统一监管。国际金融危机揭示了现有全球经济治理亟需纠正的重大缺陷，新兴经济体与发达经济体实力对比的新变化也对全球治理变革提出了迫切要求。

国际金融危机爆发后，国际金融监管体系变革快速推进，全球治理发生了新的变化，一是新兴经济体在现有多边治理机制（如世界银行、国际货币基金组织）中的份额与话语权有所提升，二是20国集团（G20）取代8国集团（G8）成为大国经济政策交流对话与协调的新平台，新兴经济体的影响力明显提高。三是发达国家加速推动制定新的国际规则，围绕利益分配和规则制定的国际竞争日趋激烈。面对新兴经济体崛起的挑战，发达国家为了维护其既得利益，极力推动新的国际经贸规则的制定，试图将气候变化、国有企业、竞争中性、劳工标准等纳入国际规则。新兴经济体在全球经济治理机制中的话语权不断提升，但新兴经济体利益诉求分化、协调能力较弱，在重大问题上难以形成一致声音，制约了其在全球治理变革中的作用发挥，发达国家主导全球规则制定的局面中期内难以改变。

（八）区域一体化成为推动贸易投资自由化的重要形式

金融危机后，虽然贸易投资保护主义有所抬头，但贸易摩擦影响的国际贸易金额占比不到1%，各国在经济发展中的相互依存和利益交融日益增强，经济全球化仍是主流。多哈回合陷入僵局，各国将主要精力转为构造区域一体化安排，区域和双边自由贸易安排成为推动贸易投资自由化的重要形式。与多边贸易投资自由化的非歧视原则不同，区域贸易安排会对非成员国形成贸易转移效应。各国均担心被边缘化，在多米诺骨牌效应下，争相加入或发起新的自由贸易安排。截至2013年1月10日，已向关贸总协定（GATT）或世贸组织（WTO）通报的区域贸易安排（RTA）总数达到546个，仅2012年就增加了35个。未来五年区域一体化将保持快速推进势头。

对大国而言，区域一体化战略还可以将经贸利益与地缘政治战略有机结合。大国将推动自己主导的区域一体化组织作为实施全球战略的重要手段。在已经和准备启动的自贸谈判中，美国主导的“跨太平洋伙伴关系协定”（TPP）、东盟推动的“区域全面经济伙伴关系”（RCEP）将对亚太地区的一体化格局产生重大影响，美欧自由贸易区、日欧自由贸易区一旦建立，意味着主要发达经济体之间将形成更加紧密的关系，中国可能被排斥在发达国家主导的区域贸易集团之外。

二、主要经济体增长前景

（一）发达经济体增长整体低迷

1. 保持温和增长的美国经济

美国是世界第一经济大国，其 GDP 占世界的 22%。2007 年以前，美国经济经历了长达十多年的繁荣增长期，2008 年金融危机爆发，严重冲击了美国经济。经过采取一系列的危机救助措施，美国经济自 2009 年中开始步入温和复苏，经济增长率虽明显低于金融危机之前，但 2% 左右的增长率已经是十分难得。从全球比较看，美国未来在全球经济竞争中具有很多明显的优势。一是具有雄厚的经济基础和科学技术实力，拥有大量世界上最好的大学和科研机构，美国企业掌控着全球产业链诸多关键技术。二是人口结构与人力资源优势。美国是一个移民国家，在发达经济体中人口结构相对年轻，同时，对全球的高端人才具有很强的吸引力。三是美元的国际货币地位，美国可以借此向全球融资和稀释债务。四是能源丰富且价格较低，对能源密集产业具有较强的吸引力。五是制度的自我调整能力较强。从近中期看，美国经济仍面临着较多制约因素，“三高”（高赤字、高失业、高逆差）“二低”（低储蓄率和低投资率）成为制约其增长的主要原因。

美国政府为了应对危机，采取了一揽子政策措施，其中两大措施最为关键。一是实行无限期的定量宽松的货币政策，既可以提供充足的流动性来刺激经济复苏，又可以向其他国家转嫁危机，稀释外债，同时美元贬值也可增强其出口竞争力。二是增强实体经济国际竞争力的“再制造业化”战略，包括更新基础设施、改善教育培训、提升人力资源、促进科技创新、吸引外商直接投资和扩大出口等多方面的政策。

综合上述因素，在未来五年，美国政府、金融机构、企业和家庭都将处于金融危机后“去杠杆化”的资产负债表修复期，美国经济将处于温和复苏状态。

2. 仍然处于金融危机中的欧盟

由27个成员国组成的欧盟是世界上最大的经济体，2011年GDP达到17.6万亿美元，比美国高出2.1万亿美元，占全球的23%。欧盟的区域经济一体化程度是世界上最高的。一体化使欧盟作为一个整体大大提升了在全球事务中的影响力与话语权，也支撑了欧元的第二大国际货币的地位。但是，近年来欧盟与欧元区扩张过快，进一步加剧了欧盟内部成员国之间的不均衡。2009年底，欧洲主权债务危机的爆发，表面原因是南欧一些国家政府过度负债，深层次的原因则是货币一体化与劳动力市场一体化、财政一体化、社会保障体系一体化进程的不同步。

展望未来五年，第一，欧洲主权债务危机结束尚需时日。危机发生后，欧盟委员会、欧央行、国际货币基金等携手推出了一系列救助措施，建立了欧洲金融稳定机制，欧洲稳定机制，实行了变相的定量宽松货币政策（OMT），大大降低了短期内再现大的金融冲击的风险，但是，希腊能否按照承诺推进改革避免退出欧元区的命运，其他几个“欧猪国家”（“PIGS”）如西班牙会否成为新的风暴点，都还存在不确定性。甚至像法国这样的大经济体也面临着评级下降、主权债务风险加大的挑战。

第二，欧盟经济增长将处于低迷波动之中。欧盟经济增长受到诸多因素的制约。一是主权债务危机的冲击；二是应对危机措施的紧缩效应，如财政增税减支、财务减记等措施对增长具有紧缩效应；三是高失业

（2012年底达到10.7%）及由此造成的预期恶化；四是高福利水平、高主权债务、老龄化等结构性因素的影响。

第三，欧盟经济一体化可能进一步深化。德、法等欧盟主要大国借主权债务危机，加速推进欧盟的财政一体化、政治一体化进程。但也存在一些不和谐因素，比如英国和捷克拒绝签署《欧盟经济货币联盟稳定、协调与治理公约》（又称“财政契约”），并且英国在多种场合表现出对欧盟的失望。如果作为欧盟核心成员之一的英国被“孤立”或“退出”，将对欧盟一体化进程产生重大影响，需密切关注。

第四，欧盟经济结构进一步转型。欧盟具有雄厚的科技实力和制造业基础。欧盟于2010年制定了《欧盟2020战略》，提出了基于知识和创新的智能型增长，实现资源高效利用、经济绿色低碳的可持续增长，更加关注经济、社会和地区聚合的包容性增长。法国等成员国制定了振兴制造业的规划，2012年欧盟又出台了“新工业革命战略”。欧盟还在全球倡导和推动应对气候变化、低碳增长的国际协议与标准。在新发展理念、新技术、国际竞争新格局等多种因素共同作用下，欧盟经济结构将加速转型。

3. 继续失速的日本经济

日本在战后成功地实现了经济追赶，在2010年被中国超过之前，保持世界第二经济大国的地位长达40年。1990年代初泡沫经济的破灭，令日本陷入经济失速的20年，1991～2011年，日本经济年均实际增长率仅为0.9%。政府实施的宽松货币政策，并没有能够刺激经济复苏，反而令日本陷入了“流动性陷阱”和通货紧缩之中，而且造就了高达230%的主权债务率。

从国际比较看，日本经济仍具有一些独特的优势。一是精良的制造业具有较强的国际竞争力。二是日本在节能环保技术领域的领先地位。

三是日本企业主导的全球生产网络，曾经被称为以日本为首的东亚“雁阵结构”。日本企业通过大规模海外投资形成了跨国生产网络，本土企业掌控了国际生产网络中技术含量较高的关键部件研发与制造。四是日本企业一致对外的传统文化与协调机制。

尽管本届安倍政权上台之初便制定了高达20万亿日元的大规模刺激经济计划，要求日本央行设定2%的通货膨胀目标，实行宽松的货币政策，加速日元贬值。但是，未来五年，长期因素与短期因素相互交织，经济因素与政治因素相互作用，日本经济增长的前景并不乐观，可能难以实现新政府确定的年均2%的实际增长目标。一是严重的财政赤字和债务负担；二是外需不足与日元汇率升值影响出口增长；三是长期通货紧缩影响投资增长；四是高成本导致的产业空心化；五是少子化与人口老龄化压低潜在经济增长率；六是能源短缺与能源结构调整的压力；七是能源等大宗商品价格高企令日本这个资源能源进口大国出现国际贸易逆差；八是日本与俄罗斯、韩国、中国的领土与海洋权益争端，不时冲击双边经贸关系。日本制定了加速“返亚”的区域经济合作战略，但它在政治上更加右倾、安全上更加联美，将影响到其亚洲经济战略的实施。

（二）新兴经济体继续保持较快增长

新兴经济体是指经济规模较大、增长速度较快的一批发展中国家。20国集团中有11个新兴经济体，其中最具代表性的是被称为“金砖四国”的中国、印度、俄罗斯和巴西。过去的一二十年中，新兴经济体适应经济全球化的新要求，调整发展战略，加快体制改革，大力推进经济开放，取得了巨大成功，在世界经济增长、国际贸易与跨境投资中的比重持续提高，影响力不断上升。

作为新兴经济体中最重要的成员，我国对世界经济的影响力持续上升。我国已经成为世界第二大经济体，2012 年我国国内生产总值达到 8.3 万亿美元（初步核算），略高于美国的一半，综合多种预测，十年后我国经济规模将可能超过美国。我国是世界第一出口大国、第二进口大国，从贸易大国的历史经验看，未来五年我国在全球市场的份额还会继续提升。在跨境投资中，我国既是吸引外资大国（2012 年仅次于美国居第二位），也是快速崛起的对外投资大国。我国还拥有世界上最大规模的外汇储备，有利于增强我国应对外部冲击能力。因此，我国对世界经济、贸易、投资、金融市场和全球经济治理都具备了一定的影响力。

尽管受到国际金融危机和发达经济体减速的不利影响，未来五年新兴经济体增速有所回落，但仍将保持较快的增长。据 IMF 最新预测，未来五年（2013～2017 年）发展中经济体的实际 GDP 增长率平均为 6%，明显高于发达国家的 2.3%。一是印度等一批新兴经济体已经进入起飞阶段，保持较高的增长速度是一种阶段性特征，人口红利（除中国外的发展中国家整体的总抚养率将从 2010 年的 59% 下降到 2030 年的 53%）、高储蓄、国际技术扩散加速、开放政策等都将有利于新兴经济体继续保持较高增速；二是初级产品维持高价有利于俄罗斯、巴西等大宗商品出口国；三是全球流动性过剩和跨境投资复苏，有利于新兴经济体降低融资成本，吸引更多投资，加速技术进步；四是新兴经济体本土市场规模扩大、中产阶级数量快速增加，带来规模经济效应，推动产业结构升级；五是新兴经济体国际储备充裕，财政状况良好，政府管理宏观经济的经验和能力趋于成熟，有利于维持宏观经济稳定。

值得指出的是，新兴经济体不可避免地会受到国际金融危机冲击和发达国家经济减速的拖累，不同的成员还面临着各自独特的风险，因此，未来五年，一些新兴经济体经济增长可能明显减速，同时可能会有其他发展中国家崛起成为新兴经济体的新成员。新兴经济体面临的风险包括：

一是有些新兴经济体基础设施尚不完善，阻碍工业化与城市化进程；二是一些新兴经济体官员腐败较严重，投资软环境与商务环境均亟待改善；三是一些新兴经济体高度依赖大宗商品出口，较易受到国际市场上大宗商品价格波动对其经济增长的冲击；四是发达国家持续的量化宽松政策有可能导致新兴经济体输入性通胀压力加大，加上新兴经济体将是国际热钱冲击的主要对象，如果应对不当，可能出现汇率过度波动甚至宏观经济不稳定。

三、世界经济大调整对我国的影响与对策

我国与世界经济的融合不断深化，未来世界经济发展趋势与格局的变化，将给我国带来新的机遇与挑战，对我国经济发展与结构升级产生重大影响。

（一）世界经济大调整给我国带来的挑战

第一，出口增长与结构升级的压力加大。一是全球经济减速导致我国出口的外需增长放缓。二是我国一些低附加价值的劳动密集型产品正受到来自其他发展中国家更加有力的竞争。如果我们不能持续增强国际竞争力，加快出口结构升级，我国出口将面临严峻形势。三是针对中国的贸易投资保护主义愈演愈烈。经贸摩擦从传统出口产品向技术密集产品、从贸易领域向投资领域、从实体经济向规则制定扩展。四是我国出口结构升级将加剧我国与发达国家的正面竞争。发达国家实施“再制造业化”战略，更加重视货物贸易出口。我国出口结构升级将使我国与发达国家的分工关系从互补为主转向更多的正面竞争，如果处理不当，可

能重演当年日美贸易战的历史一幕。

第二，保障我国金融安全与资源能源安全的困难增加。一是全球流动性过剩和资金跨境流动加剧，将增大我国巨额外汇储备保值增值的风险，影响人民币汇率稳定，压缩我国货币政策的调整空间，增大我国资本项目开放的风险。二是全球大宗商品价格高位波动，不仅令我国进口资源能源付出更多代价，而且存在输入型通货膨胀压力，可能影响我国宏观经济稳定。三是国际政经环境和地缘政治变化，威胁我国海外利益安全。我国海外投资、人员大幅增加，且有较大比例集中于政治风险较高的国家与地区，维护海外利益的任务将更加艰巨。

第三，我国和平发展的战略环境更加复杂。一是“中国威胁论”、“中国责任论”相互交织。我国承担国际责任的意愿、能力与国际社会的期盼存在落差，国际社会对中国崛起的疑虑加重，将影响到我国的国际形象与对外经贸关系。二是区域一体化快速推进，我国面临被主要区域贸易安排边缘化的危险。三是发达国家力推制定新的国际规则，可能导致国际规则朝不利于我国利益的方向演变。尽管全球治理变革与规则调整为我国提供了更多的参与机会，如果我国不在决策体制方面作出重大改革，大力提升参与国际治理的意识、经验和能力，全球治理变革与规则制定则可能不利于我国利益。四是周边战略与安全环境复杂化，影响我国与国边国家的经贸关系。美国实施“重返亚洲”战略，日本、越南、菲律宾等与我国海洋主权与权益的争端加剧，部分周边国家出于对中国崛起的疑虑与恐惧，采取联美外交政策，一些周边国家政局动荡，均不利于我国发展与周边国家的经贸关系。

（二）世界经济大调整给我国带来的机遇

世界经济的新变化将给我国带来加速技术进步与产业结构升级的新

机遇。

第一，引进高端生产要素与产业活动的机遇。全球经济低迷更突显中国经济良好前景，跨国公司更加看重中国巨大的本土市场和人力资源、基础设施、配套产业等新优势，加速将研发、地区总部、先进制造等更高技术含量、更高附加价值的产业活动向我国转移，高端人才等生产要素也将加速流入我国，有利于我国通过“引进来”提升技术水平和国际分工地位。

第二，整合全球资源，推进技术与产业升级的机遇。一是金融危机冲击下的发达经济体，为我国企业提供了海外低成本并购获取技术、研发能力、国际品牌、国际销售渠道的难得机遇；二是全球性新技术研发创新热潮，既是挑战也是机遇，如果我们能够充分利用国际国内两种资源，大力改善创新环境，我们不仅能在传统产业实现大幅提升，而且可能在新技术和新产业的国际竞争中争得一席之地。

第三，提升我国出口结构的机遇。一是发达国家更新基础设施和新兴经济体建设基础设施，将带来全球性的基础设施建设热潮，这有利于我国扩大海外工程承包并带动我国机械、设备等高附加价值制成品的出口。二是新兴经济体推进城市化、工业化将为我国性价比具有国际竞争力的发电设备、建筑机械、运输设备等资本品提供日益扩大的市场需求，带动我国出口结构的升级。新兴经济体日益扩大的中产阶级，其消费结构升级也将为我国质优价低的消费品出口提供新市场。三是日益激烈的国际竞争和信息技术的深度应用，将有力地推动国际服务外包，我国可以充分发挥大学毕业生多的人力资源优势，像当年大力发展加工贸易一样，实现服务外包的大发展。

第四，拓展我国发展空间的机遇。一是全球经济治理变革为我国参与全球规则制定提供机遇。二是区域一体化热潮有利于我国发挥市场吸引力，打造与我国经贸联系更加紧密的周边环境，落实周边外交战略。三是发展中国家日益重视吸引外商直接投资，修订法律法规，改善投资环境，将吸引中国企业投资作为重点，有利于我国更好地利用发展中国家的资源、土地、劳动力和市场，改善与发展中国家的关系，拓展我国和平发展的战略空间。

（三）应对世界经济大调整的政策建议

未来五年是中国和平发展的关键时期，面对世界经济大调整带来的机遇与挑战，我们必须审时度势，冷静分析，沉着应对，抢抓机遇，在对外开放领域做几件大事与实事，才能真正实现化危为机，趋利避害。

第一，着力提升我国全球价值链分工地位，继续拓展出口市场空间。我国已经成为世界第一出口大国，但出口产品集中于低附加价值的劳动密集型产品，未来一段时期虽然外需增长放缓，但随着我国在国际分工中地位的提升，我国出口增长和提升国际市场份额仍有很大空间①。一是树立制造立国、质量立国理念，创造出口竞争新优势。发达国家的“再制造业化”战略昭示出制造业对一国经济发展的关键作用，我国更应该高度重视不断培育制造业国际竞争新优势。要围绕这一目标，在技术追赶与创新体制、房地产制度与市场、劳动力成本与技能、税收、汇率、贸易便利化与自由化等各个层面，改善增强出口竞争力的舆论环境、制度环境和市场环境。二是创新特殊经济区政策，打造“六大中心”，即把我国从现在的世界“制造中心”扩展到“国际物流”、“国际销售”、“国际结算”、“国际研发”、“国际维修”六大中心，大大提升我国的全球价

① 据中国社会科学院经济所裴长洪等的预测，2020 年中国占全球货物出口市场的份额将从目前 11% 提升到 22. 3% 。裴长洪、王宏淼，“入世十年与中国对外贸易发展”，载王洛林主编《加入 WTO 十年后的中国》，中国发展出版社 2012 年版。

值链分工地位。三是要扩大利用外资规模，提高利用外资的综合效益。加快服务领域对外开放，改善投资环境，大力引进技术含量与附加价值更高的外商投资项目。四是大力发展服务贸易，大力开拓国际服务外包、海外工程承包市场。

第二，大力支持企业“走出去”，打造几十家我国自己的具有国际竞争力的跨国公司与全球行业龙头。一是与美、欧等发达国家商签投资协定，并研究探索签署多边投资协定的可行性，为我国企业对外投资创造良好外部环境。二是配合资本项目开放与国内投融资体制改革，率先改革现行对外投资管理体制，大大简化审批程序，尽早取消审批。三是大力完善对外投资服务体系，包括信息服务、融资服务、法律服务、海外人员与资产安全保护服务等。四是大力增强我国企业国际化经营能力，不仅要“走出去”，而且要“扎下来”。

第三，积极主动推进自由贸易区战略。积极推进中日韩自贸区、区域全面经济伙伴关系（RCEP）谈判，探讨与美、欧建立自由贸易安排的可行性，力争五年内与重要经济体谈成一个大的区域贸易安排。

第四，加强周边经贸合作，发展“铁杆”朋友。一是要与周边国家发展互惠互利可持续的经贸关系。充分考虑周边国家的发展目标与主要关切，综合利用贸易、投资、金融、援外等多种手段，把农业全产业链投资与贸易合作、基础设施建设、转移出口导向型的加工制造项目、资源开采与深加工等作为经贸合作的重点领域。二是让周边国家充分分享我国的市场机遇，通过单边降低关税、重点分配进口配额、建立双边自由贸易安排等扩大自周边国家的进口。三是加快周边大通道建设。开工建设中老柬铁路和直通印度洋的中缅铁路；打通经朝鲜直通日本海的水、陆通道；修建中蒙铁路复线、提升中蒙公路等级；加快与中亚上合组织成员的公路、铁路网建设。四是加强陆海统筹，大力发展海洋经济。不仅要认识到海洋对我国安全的战略意义，而且要认识到海洋对保障我国资源能源安全和发展经济的巨大作用。除了继续发展传统的海洋农渔业、资源能源开采与加工、航运、旅游等传统的海洋经济活动，还要大力发展海洋生物、海洋可再生能源、海水利用等新兴产业。要创新理念、创新制度、创新技术，在维护我国主权的前提下，大力开展海洋经济的国际合作。

隆国强

隆国强，国务院发展研究中心党组成员，兼办公厅主任，研究员。

专题一

全球经济增长的前景分析

随着经济的发展，全球经济的自我修复能力不断增强，但是金融危机的阴霾至今仍未散去。无论是虚拟经济，还是实体经济，无论是发达国家，还是发展中国家，都遭受了巨大的影响，全球经济正在经历着深度调整，未来也将面临诸多的不确定性。另一方面，对外开放在促进中国经济快速发展的同时，也促使中国经济更深入地融入全球经济，外部环境的变化和波动将密切影响中国经济的发展和政策选择。因此有必要深入分析全球经济增长的前景。

一、金融危机导致全球经济格局发生悄然变化

过去50年里，全球经济的平均经济增长速度为3.53%，其中发达国家维持在3%左右，而发展中国家平均增速接近5%。经历1998年亚洲金融危机和2000年互联网泡沫破裂冲击后，全球经济增长开始步入快速上升通道，2003~2007年全球经济年均增长速度高达3.63%，比1998~2002年高了近1个百分点。但是2008年爆发的金融危机终结了全球经济

快速增长，全球经济增长出现大幅下滑，甚至在2009年出现了近几十年来的首次负增长。直至今日全球经济尤其是发达国家仍在危机的泥潭中挣扎，2008～2011年全球经济年均增速只有1.5%，2012年因主要发达经济体受财政悬崖、债务危机的困扰仍未摆脱低迷状态。

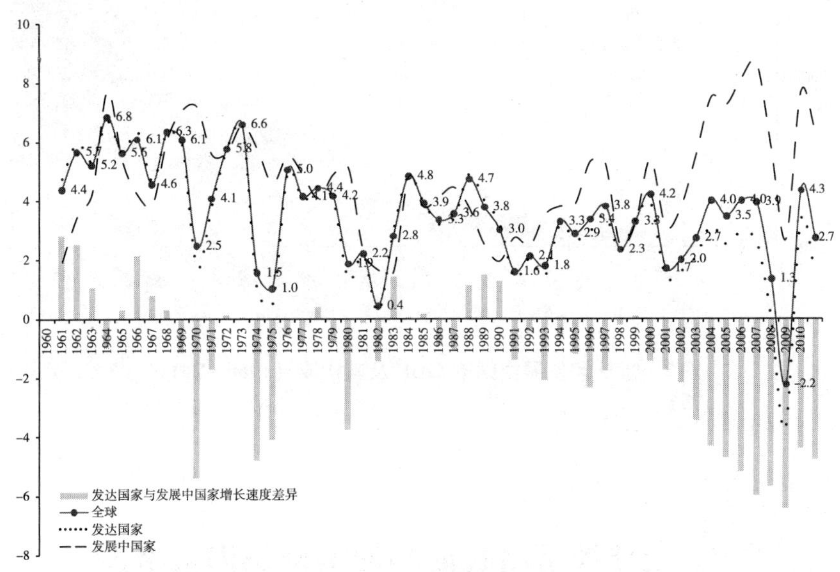

图1　全球、发达和发展中国家GDP增长速度（1961～2011）

资料来源：WDI（2012）。

回顾全球经济发展的历史，21世纪以来全球经济格局正在经历与过去不同的变化。20世纪60年代到80年代前期发达国家GDP相当于发展中国家经济规模的3～4倍，并且这一比重基本保持稳定；20世纪后15年，发达国家在全球经济中的比重存在较大幅度的上升，由之前的低于80%上升到接近85%；而21世纪以来，在发展中国家尤其是中国高速增长的推动下，这一格局的变化出现了逆转，发展中国家比重开始快速上升，由之前的18%左右上升到2011年的33%左右，中国在全球经济中的比重也由2000年的3.7%上升到2011年的10.4%。

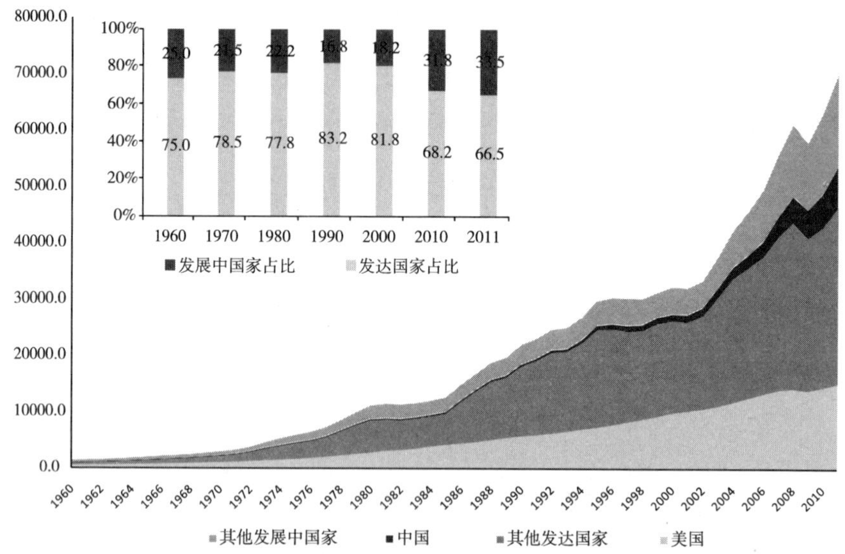

图 2　发达和发展中国家 GDP 及其构成（1960～2011）

资料来源：WDI（2012），现价美元。

二、全球经济增长面临的不确定因素增多

经济全球化使得全球经济增长越来越复杂，影响全球经济增长及其格局变化的因素也越来越多。长期来看，全球经济增长的潜力及未来格局的变化既取决于人口总量及其结构的变化，也取决于科技革命及其应用；既取决于全球化的趋势，也取决于资源、能源约束及其分布格局的变化。下面进行具体分析。

（一）全球经济正处于经济增长的衰退调整期

从全球经济增长的历史看，尽管经济波动的间隔在不断缩短，但仍表现出较强的周期性特征。如果将这次金融危机看作是康德拉季耶

夫周期的一个节点，那么过去200多年的经济发展历程已经历了五个康德拉季耶夫长周期，分别以蒸汽机、铁路、电力、汽车以及信息通信技术革命为阶段性标志。每一次经济的周期性上升都得益于技术革命的推动，衰退和调整发生于新技术对生产力推动潜力逐渐耗尽之后。

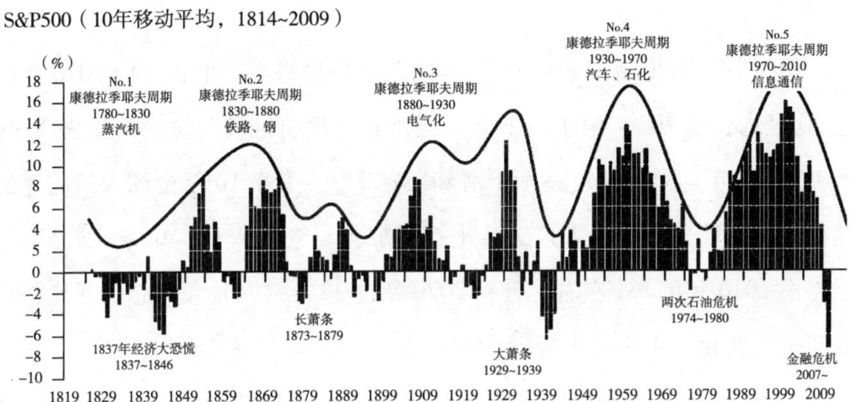

图3　全球经济的康德拉季耶夫周期

资料来源：转引自 Allianz Global Investors（2010）。

20世纪80年代以来，信息和通信技术的广泛应用使得世界经济维持了多年的高速增长，1980～2007年年均增速达到3.0%。近20年来，美国经济相对其他发达经济体维持了平稳较快增长，就是得益于其在信息和通信技术领域的领先地位。2008年金融危机的爆发终结了全球经济增长的上升趋势，在一定程度上表明，仅依靠信息技术进步已无法缓和经济系统性持续增长所面临的矛盾和问题。最近广泛热议的以3D打印和分布式新能源等技术为特征的“第三次工业革命”似乎让人们看到了曙光，但“第三次工业革命”的确切内容目前仍然存在很多争议和不确定性，而且新技术革命从出现迹象到广泛应用需要较长时间，因此未来5～10年极有可能仍处于新技术的孕育期。这种不确定性将加剧未来全球围绕新技术革命的竞争。因为谁首先抢占了新一轮技术革命的制高点，谁就最有可能成为未来全球经济的主导者。

（二）全球人口增长和结构成为制约发达国家经济增长的重要因素

根据联合国预测，未来10年全球人口总量将继续增长，由2010年的近70亿增长至2020年的76.6亿；但增长速度将继续放缓，由过去30年近1.5%的年均增长速度逐渐下滑到1%以下。未来10年全球人口的年龄结构将发生较大变化，人口老龄化不断加重，老龄人口（65岁以上）比重将由2010年的9%左右上升到2020年的12%；同时人口总抚养比将出现转折性变化，由不断下降转为逐步上升。人口总抚养比也将由2010年的52.4%下降到2015年的近40年来的最低点51.6%，然后一改过去40年的下降趋势开始逐步上升。

从区域角度来看，不同地区人口未来变化趋势差异较大。从不同发展水平的区域来看，未来10年，全球人口增量将绝大部分来自发展中国家，人口年均增速将超过1%；而发达国家人口将趋于稳定，人口增长速度则仅为0.2%左右。从不同地理区域来说，未来人口增长最快的区域是经济发展较为落后的非洲，而经济发达的欧洲人口将逐步萎缩。从人口的年龄结构来看，发达国家和发展中国家未来10年将表现出截然不同的趋势。一方面，发达国家的总抚养比由过去的不断下降转为快速上升，其抚养比将从2010年的最低点48%，快速地上升到2020年的56%；人口的老龄化程度将快速上升，老龄人口（65岁以上）比重由2010年的19%上升到2020年的23%。另一方面，发展中国家将延续过去总抚养比不断下降的趋势。因此未来10年发达国家相对发展中国家来说，在人口老龄化方面将面临更为严峻的挑战。

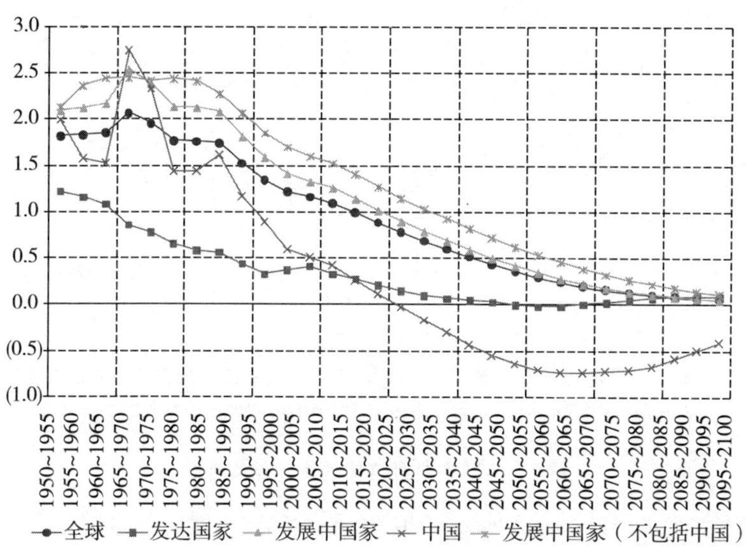

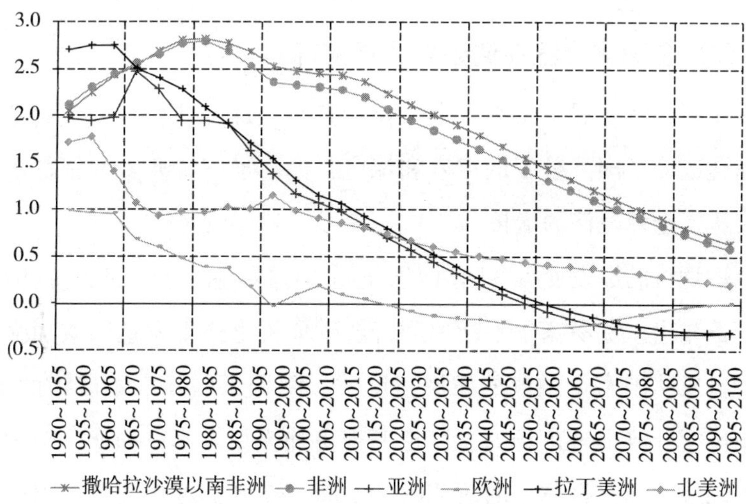

图4　世界人口增长（年均增长率%）

资料来源：World Population Prospects：The 2010 Revision。

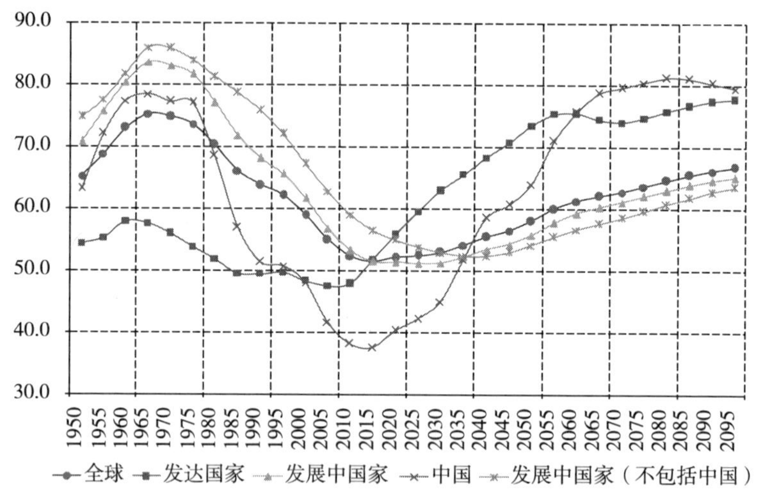

图5　全球主要经济体的人口结构变化

资料来源：World Population Prospects：The 2010 Revision。

（三）全球化进程在调整中曲折前行

从全球经济发展史来看，全球化一直是全球经济发展的大趋势。经济全球化改变了国际分工的广度和深度，提高了资源要素的全球配置效率，促进了全球经济的增长。

金融危机的爆发使得各国热衷于通过加强贸易保护来进行经济自救，贸易摩擦频出，贸易竞争不断加剧；金融危机也使得发达国家加强了金融监管，发达国家金融业的发展速度放慢降低了国际资本流动的动力，发展中国家开放金融市场的态度也变得更加谨慎。不仅如此，金融危机还使得围绕国际金融体系的改革呼声不断。经济全球化的进程因国际金融危机陷入调整期。

但是，从长期来看新技术的发展将进一步深化全球产业分工，信息技术的普及和深化应用正在改变着全球贸易方式，跨国公司的扩张将继续推动国际贸易的发展，全球治理体系的改革将重塑全球经贸联系，经济全球化仍将是不可逆转的潮流，也将是促进全球经济增长不可或缺的重要推动力量。

（四）新能源技术及气候变化问题将加速全球经济增长模式的转变

一直以来传统能源的分布和经济发展水平的空间分布不一致导致能源供求的不平衡，致使能源问题一直是影响全球经济、政治不稳定的重要因素。然而能源技术的最新进展向人们展示了新能源技术将可能改变未来全球的能源和经济格局。最近的"页岩气革命"就是一个典型的例子。页岩气技术飞速进步使得美国成为世界第一大天然气生产国。据预测，未来 10～20 年美国由过去的天然气进口国转变成为天然气的净出口国。尽管这些新能源技术本身的发展存在很多的不确定性，但新能源技术的发展可能会彻底改变过去以传统化石能源为主的格局，也将对全球产业的布局和全球的地缘政治产生深远影响。

根据 IPCC 的报告，全球气候变化已成为当今世界最紧迫的问题之一。而且随着时间推移，应对气候变化问题将变得更加紧迫，将成为影响全球经济增长，特别是影响发展中国家的经济崛起的重要因素。虽然可以预期随着气候变化形势的日趋严峻，全球围绕如何应对气候变化达成统一协议的可能性越来越大，但是这必将给全球技术革命、全球经济发展方式的转型（尤其是发展中国家）提出了重要挑战。

（五）全球科技竞争日趋激烈，正朝着多极化方向发展

过去几十年中，科技研发活动主要集中在大多数发达国家。但随着经济的发展，科技研发活动正不断朝多极化方向发展，科技竞争也将日趋激烈。一方面，技术的追赶将继续成为新兴经济体实现经济赶超的重

要动力。资料显示新兴经济体的科技研发费用正在迅速上升，1995～2005年间，中国、南非、俄罗斯等九个非OECD国家的年均研发费用增长率达到16%左右，比OECD国家整体的增长率高了近10个百分点。另一方面，技术研发和新技术的应用成为发达国家摆脱金融危机的重要途径。金融危机发生后，欧美等国家更加重视新能源、生物技术、信息等新技术产业的发展，加大力度支持新兴产业的发展，为经济发展寻找新空间，为增加就业创造机会，借此来促进经济恢复稳定增长。

三、全球经济进入低速增长和格局调整期

经济模型在预测方面虽然乏善可陈，但可提供一个思考未来的清晰逻辑框架，为决策者判断、权衡和取舍提供重要参考。这里采用世界银行开发的全球可计算一般均衡模型，结合前面对于影响全球经济增长的因素分析，从中长期的角度给出未来十年左右的全球经济增长的一个趋势性结果。

（一）全球经济很可能进入了一个长期波动和低速增长期

短期来看，金融危机的阴霾仍然挥之不去。一方面，发达经济的债务危机直接影响着全球金融体系，也限制了可以用于刺激经济复苏的财政和货币政策的空间。另一方面，宽松货币政策导致了全球流动性泛滥，通胀不断加剧，新兴经济体被迫采取紧缩政策，经济面临减速趋势。总之从短期来看全球经济仍然将继续保持低迷。

中长期来看，受人口、技术进步等因素的影响，全球将会维持一个长期的低速增长期。从人口及其年龄结构来看，一方面，人口增速的放

缓和劳动年龄人口比重的提升将放慢全球劳动力增长的速度；另一方面，全球人口抚养比的上升将放慢全球储蓄增长的速度。未来10～20年人口数量变化对经济增长的贡献可能会下降。从资本的积累的角度来看，全球物质资本的积累将随着人口抚养比的上升而逐渐放慢速度；虽然随着全球经济的增长和城市化的不断发展，全球整体人力资本将不断提升，但收入等差距的不断扩大也在一定程度上限制了人力资本提升的速度。从技术进步的角度来看，正如前面在经济周期的分析中所提到，新技术革命是推动全球经济恢复稳定增长的重要因素。尽管新技术革命已初现端倪，但产业化需要较长时间，因此新的技术革命到底是什么，何时能够带领全球经济走出金融危机的阴影恢复稳定增长，目前来看仍然存在很大的不确定性。

结合模型的模拟，预计未来十年全球经济增长的速度预计年均在2.9%左右，显著低于金融危机之前20年的增长水平，而且长期来看将呈现趋势性下降。

表1　　部分国际机构对全球经济的预测（2010～2020）

来源	时期	GDP增长率（%）
世界银行（2013）	2010～2015	2.76
OECD*（2012）	2010～2020	4.10
IMF（2012）	2010～2017	3.35
英国经济学人智库EIU（2012）	2010～2017	2.66
世界大型企业联合会Conference Board（2012）	2010～2018	2.99
高盛Goldman Sachs（2011）	2010～2020	3.73
美国能源局（2011）	2010～2020	3.25
国际能源署*（2012）	2010～2020	4.00
牛津经济研究所Oxford Economics（2013）	2010～2017	3.21

注：*采用购买力平价PPP测算。

（二）新兴经济体成为世界经济增长的新引擎

1. 未来十年发达经济体的增长速度将放缓，美、日、欧等经济体恢复以前高增长的可能性很小

未来人口老龄化将越来越成为制约发达国家经济增长的重要因素。人口老龄化加剧和总抚养比的提高不仅影响着发达国家物质资本的积累，也影响着其人力资本的提高和技术创新。未来随着发展中国家的研发投入的快速增长以及跨国公司的发展，发达国家与发展中国家之间在科技竞争将更加激烈，而且在一些新兴领域发达国家由于转换成本限制可能使得其相对于发展中国家的优势并不明显。另外随着发展中国家发展机会的不断涌现和基础设施等条件的不断改善，原来大量优秀人才迁移可能出现有别于以往的趋势。结合模型的模拟结果预计未来10～20年发达国家整体的增长速度将在1.7%左右，要低于过去50多年的平均增长速度。

表2　部分国际机构对发达国家/发展中国家经济的预测（2010～2020）

来源	时期	发达国家GDP增长率（%）	发展中国家GDP增长率（%）
世界银行（2013）	2010～2015	1.69	5.60
OECD*（2012）	2010～2020	2.34	7.03
IMF（2012）	2010～2017	2.08	5.91
英国经济学人智库EIU（2012）	2010～2017	1.91	5.88
世界大型企业联合会Conference Board（2012）	2010～2018	1.63	4.69
高盛Goldman Sachs（2011）	2010～2020	1.53	6.90
美国能源局（2011）	2010～2020	2.37	5.35
国际能源署*（2012）	2010～2020	2.20	5.90

注：*采用购买力平价PPP测算。

2. 未来十年发展中国家虽然经济增长速度有所放缓，但仍将继续保持较高的增长速度

与发达国家相比，新兴经济体维持经济长期增长的基本面更加有利。未来十年除了中国外，大多数发展中国家仍然存在人口红利，发展中国家（不包括中国）整体的总抚养率将从2010年的59%下降到2020年的55%。其次，从技术进步的角度来看，随着全球化进一步深入和信息技术的不断应用和发展，国际技术扩散将更快、更广，这也为发展中国家的技术追赶提供了条件。再次，与发达国家相比，发展中国家的储蓄水平更高，过去20年发展中国家的平均储蓄率比发达国家高6~7个百分点，未来人口总抚养率的进一步下降，将为发展中国家的资本积累提供更为有利的支撑；不仅如此，随着发达国家经济增长前景的暗淡和发展中国家基础设施和制度环境的改善，国际资本将会更多地流入发展中国家，这些都会给发展中国家的追赶提供资金支持。最后，随着发展中国家经济实力的提高，将会有更多的资金可以用于改善基础设施和进行人力资本投入，将进一步促进经济的长期增长。综合模型的模拟结果，预计未来十年发展中国家将继续保持较高增长速度，年均增长速度将达到5%左右。

3. 未来十年发达国家在全球经济中的地位将继续下降，发展中国家越来越成为全球经济的重要推动力量，中美之间经济规模的差距将大幅缩小

根据前面对发展中国家和发达国家未来经济增长速度的展望，未来十年发达国家在全球经济中的比重将继续过去十年的变化趋势不断下降，按照2010年不变价格计算，到2020年发达国家在全球经济中的比重预计将会比2010年下降8~10个百分点[①]。与之相对的就是发展中国家在全

① 如果按照现价计算，考虑到发达国家物价上涨的差异以及汇率的变动这一比重将可能下降的更多。

球经济中的比重将不断上升。而且随着发展中国家在全球经济中比重的不断上升，加之发展中国家远高于发达国家的经济增长速度，未来发展中国家将越来越成为推动全球增长的最主要的动力。

另外，虽然中国经济的增长速度会有所放缓，但仍可保持相对较高的增速，因此中国在全球经济中的比重也会不断提高，中美之间经济规模的差距将大幅缩小。按照 2010 年不变价格计算，2020 年中国的 GDP 将达到美国的 70% 左右；如果考虑中国物价将会上升得更快以及汇率的升值等因素，按照现价计算 2020 年中国的 GDP 将达到美国的 90% 左右。

表 3　部分国际机构对中国经济的预测（2010～2020）

来源	时期	中国 GDP 增长率	备注
世界银行（2013）	2010～2015	8.3	
OECD*（2012）	2010～2017	8.35	按照 2005 不变价美元（PPP）测算，中国 GDP 将在 2016 年超过美国
IMF（2012）	2010～2017	8.48	中国 GDP（现价美元）/美国 GDP 由 2012 年的 53% 上升到 2017 的 67%
英国经济学人智库（2012）	2013～2018		
世界大型企业联合会（2012）	2010～2020	6.43	
高盛（2011）	2010～2015	8.92	按 2010 美元测算，中国 GDP 将在 2025 年左右赶上美国
美国能源局（2011）	2010～2020	7.02	
国际能源署*（2012）	2010～2020	7.90	
花旗银行（2011）	2010～2015	8.70	按现价美元测算，中国 GDP 将在 2020 年左右超过美国
普华永道（2009）			按 2009 美元测算，中国 GDP 将在 2032 年左右赶上美国
渣打银行（2010）			按现价美元测算，中国 GDP 将在 2020 年左右超过美国
牛津经济研究所（2013）	2010～2017	8.33	

注：* 采用购买力平价 PPP 测算。

四、中国经济面临角色转换和增长模式调整

通过前面的分析，可以看出全球经济极有可能进入了一个长期波动和低速增长期；全球经济格局将继续过去十年的变化趋势，全球经济的多极化趋势将更加明显，新兴经济体将不断崛起，发达国家在全球经济中的地位将有所下降。这些趋势性变化将会给中国经济未来的发展带来更多的挑战。

（一）全球经济的多极化趋势将加速中国国际角色的转变

未来十年全球经济多极化趋势将更加明显。随着全球经济“双速”增长态势的延续，发展中国家在全球经济的比重将不断提高，相应国际影响也会有所提升。随着中美之间经济规模差距的不断缩小，中国有望在10年左右超过美国成为全球经济第一大国。因此作为最大的发展中国家和有望超越美国成为全球经济的第一大国，中国未来在国际社会中也将扮演更加重要的角色，相应所要求承担的国际责任也将不断增加，比如在全球治理中的责任。

（二）全球经济的低迷和技术竞争的加剧将倒逼中国经济发展方式的加速转变

过去几十年中国一直依靠“高投资、高出口”实现了经济持续的高速增长。然而全球经济的减速和持续低迷将直接制约着中国过去的增长模式的延续。另外全球技术竞争的加剧和新技术革命的不确定性也将制约着中国过去依靠技术引进和模仿快速实现技术进步的发展模式的延续。

只有加速经济发展方式的转变，中国经济才能在这种不利的国际环境中保持较快的增长。

（三）发达国家经济的低速增长使我国面临“两头受挤”的竞争压力

一方面，发达国家经济一直是中国制成品的主要出口市场，因此发达国家经济的低速增长必将影响中国产品出口的需求；而且发达国家经济低速增长带来的高失业等压力也会加剧其对于中国出口的抵制，相应的贸易摩擦也会加剧。另一方面，发达国家为了恢复经济的增长，纷纷推出再制造业化，吸引国际资本的回流；而且中国产业的升级也由过去与发达国家互补关系逐渐转变为竞争关系，因此未来中国面临来自发达国家的竞争压力将不断加大。

（四）其他发展中国家的崛起将加剧中国在吸引外资以及传统比较优势产业等方面的竞争

随着基础设施、投资环境等方面的不断改善，许多其他的发展中国家也在加速发展，其市场也在不断壮大。加之随着中国国内要素成本的不断上升，传统的比较优势在不断下降，因此中国将面临国际资本和部分产业转移至其他发展中国家的压力。

何建武

何建武，国务院发展研究中心发展战略和区域经济研究部研究室副主任，副研究员。

专题二

全球化的未来趋势及对中国的影响

金融危机，没有根本改变全球化深入发展的长期趋势，但赋予了全球化新的特点和内涵，主要推动力出现调整，国际竞争日益加剧，风险和不确定因素将进一步加大。

对我国来讲，全球化深入发展将带来难得的机遇，而外部压力也将空前严峻。我国应以更加积极主动的开放战略，迎接更加深入、更具挑战的全球化发展。

一、全球化深入发展趋势没有发生根本变化

全球化使各国在经济发展中的相互依存日益增强。尽管金融危机导致世界经济陷入低速增长，全球化在局部领域陷入调整，但并未改变深入发展的总体走势。相反，在应对危机和促进复苏的进程中，依托国际化生产、对外贸易和服务、资本跨境流动和技术创新，各国加大力度开拓国际市场、进行全球资源配置，经济联系更加紧密、利益交融不断加深。

首先，国际贸易和跨境投资快速恢复，自由化仍是主要趋势。2011年全球贸易和跨境投资已分别比危机最为严重的2009年增长44%和27%。从政策层面看，金融危机后各国投资政策出现双向调整的迹象，多数国家继续开放并进一步加强投资促进政策，2011年全球共有67项影响外国投资的新政策出台，限制性政策在新政中的占比已从2010年的32%下降至22%。在制度安排层面，作为全球化进程中一个突出趋势，区域和双边FTA持续快速增长。截至2013年1月10日，已向关贸总协定（GATT）或世贸组织（WTO）通报的RTA总数达到546个（已经生效的为354个），较2012年1月增加35个[①]。而且，在已经和准备启动的自贸谈判中，也出现转向与重要经济体、建立跨地区的自由贸易制度性安排的趋势。

其次，作为推动全球化的重要力量，跨国公司继续全球资源配置和国际化生产布局。一方面跨国公司在全球经济中占据更加重要地位。据《世界投资报告》，2010年跨国公司全球生产16万亿美元，约占全球GDP的1/4，其中海外子公司的产值约占全球GDP的10%、占世界出口总额的1/3。另一方面，跨国公司国际化生产近年来呈总体上升趋势。根据贸发会议（UNCTAD）对全球100家最大跨国公司的年度调查，2011年跨国公司的海外销售收入和雇员人数的增速都明显高于母国[②]。全球非金融类企业中，前100强企业的跨国指数不断提升，从1993年的47.2%上升至2011年的62.3%。

三是技术创新不断取得突破，全球性议题显著增加。根据经济长周期理论，经济危机之后往往是新技术创新和革命的孕育期。危机后，各国不断推出促进新兴产业发展的战略规划，以信息技术深入发展和应用、

---

① WTO官方网站的全球RTA统计。

② 见《世界投资报告2012》第15页。

新材料和新能源开发为特点的新一轮技术创新不断取得突破，新兴产业在全球蓬勃兴起。尽管新技术和新兴产业发展的前景尚不明朗，特别是技术创新的产业化还有相当长的路要走，但新的技术突破和创新的推进将为全球经济增长注入新的活力，有助于各国加快结构调整和增长方式的转变。与此同时，气候变化、环境保护、资源短缺、粮食安全和大宗商品价格走势等全球化议题显著增加，不仅成为影响各国经济可持续发展的重要因素，也促使各国深切地意识到只有通过加强合作才能解决全球面临的问题、满足共同发展的利益需求。

二、全球化呈现新的特点和趋势

（一）国际经济格局发生深刻变化，新兴经济体成为全球化新动力

金融危机后，新兴经济体经济增速明显高于发达经济体，呈现群体性崛起态势。复苏进程中的“双速增长”使实力对比发生显著变化，国际经济的力量格局发生深刻变化。从经济总量看，2000～2010 年，G20 成员国中的发达国家（G7）在全球的比重从 65% 下降到 50%，新兴经济体（E11）的占比则从不到 15% 上升至 25%，经济总量已超过 G7 的一半，2011 年 E11 GDP 的全球占比升至 27%。从对外贸易看，G7 占全球进口的比重从近 50% 降至 38%，同期 E11 占比则从 12% 左右提高到 23%，说明新兴经济体在提振全球需求方面的作用日益重要。且同期发展中国家年均出口增幅为 14.4%，明显高于发达经济体的 8.5%，2011 年占全球出口的比重已升至 47.3%[①]。在跨境投资方面，2012 年，发展

① 资料来源：世界贸发组织《Handbook of Statistic 2012》，2012 年 12 月 13 日公布。

中国家吸收的外国直接投资首次超过发达国家，同时新兴经济体也成为世界经济发展中日益重要的资金提供者，在全球跨国并购中发展中国家所占的份额也创下37%的历史新高①。从国际储备②看，E11的占比从2000年不足25%猛增到2010年的51%，显示新兴经济体掌握的财富不断增加。

发达国家曾经凭借资本、技术等优势，制定国际规则，成为全球化的推动者和主导者。近年来，新兴经济体和发展中国家在参与全球分工过程中，通过对外贸易和吸收投资，逐步融入国际生产体系，激发了经济活力，实现了举世瞩目的增长。从发展趋势看，新兴经济体和发展中国家在工业化和城市化过程中，经济增长潜力，特别是对全球资源和拓展海外市场的需求巨大，将成为推动全球化的重要推动力量。而且，随着经济增长和生活水平的提升，中产阶层将在新兴经济体和发展中国家大量出现，成为未来消费增长的亮点，为全球化带来新的增长动力和市场机遇。据美国国家情报委员会2012年12月公布的研究报告《2030全球趋势：不一样的世界》，中国在2000～2020年间的GDP增长将占世界GDP增长的55%，到2030年印度和中国将拥有世界最庞大的中产阶级消费，超过美国和欧盟的总和。

（二）全球竞争进一步加剧，各国面临全球化新挑战

一是对资源、市场和资金的竞争加剧。从全球经济发展前景看，长期低速增长将导致国际市场低迷，需求增长乏力。几个主要发达国家在复苏经济和结构调整的过程中，纷纷提出再制造化、出口倍增等战略，更加看重开拓国际市场和吸引跨境投资，在全球范围内对资源、市场和

---

① 资料来源：2013年1月第11期《全球投资趋势监测报告》。

② UNCTAD的统计口径，包括黄金和外汇储备。

资金的竞争将日益加剧。

二是对技术创新和引领新兴产业的竞争加剧。在全球经济调整时把握新技术革命的发展方向，有利于引领新兴产业发展并在下一轮经济上升阶段获得竞争优势。此次危机后已成为政府刺激创新和新兴产业举措的高峰期，各国希望借助新一轮技术革命，抢占全球技术创新、新兴产业和人才竞争的制高点，在技术创新和引领产业发展的过程中竞争不断加剧。

三是对利益分配和规则制定的竞争加剧。随着全球经济日益融合和跨国公司主导的国际化生产不断发展，各国不仅关心各自在全球分工中的地位，而且更加关心在全球生产中的利益分配格局。由于现行世界贸易的统计方法，已经无法全面而清晰地反映各国在全球价值链中的地位和国际贸易中的收益，世界贸易组织（WTO）、经合组织（OECD）、亚行等国际组织和一些国家积极研究以增加值为基础的国际贸易统计方法，反映出各国在全球分工和利益分配格局中的地位日益引人关注。

规则制定是决定全球利益分配格局的重要手段，各方围绕制定国际经贸规则争议不断。一方面，新兴经济体和发展中国家强烈呼吁公平参与全球经济规则制定的权利①，以及平等参与全球治理的权利，如在全球性组织或区域集团中反映各国发展诉求，争取更大话语权。另一方面，在多哈谈判陷入僵局时，发达国家采取多种手段力求巩固其规则制定者地位。美国力推 TPP，希望以国内法为模版塑造高标准的区域贸易投资自由化规则并向全球推广；欧盟重新修订贸易防御体系、倡导绿色经济和碳排放交易规则等。

---

① 多边贸易规则、贸易和投资自由化标准、环保标准和减排目标等。

（三）多边贸易自由化陷入低潮，区域一体化趋势增强

多哈谈判陷入僵局，区域和双边 FTA 已成为各国对外开展经济战略合作的重要手段，各国都在加快推进 FTA 战略，全球贸易投资自由化出现新趋势。

一是区域集团化趋势突显。在解决欧债危机过程中欧盟不断完善一体化的制度安排，美国强力推进 TPP 并不断吸收亚太区域成员加入，东亚各国同意启动“区域全面经济伙伴关系”（RCEP）谈判和中日韩于 2013 年 3 月开启三国自贸区第一轮谈判等。

二是排他性有所增强。由于成员国的多样性，APEC 一直强调亚太区域一体化实际上也具有兼容、开放的特点，但近期有了一些变化。例如，TPP 虽然设立了“开放条款”，即在组织构成上具有开放性，规定 APEC 成员都可视自身情况和意愿申请加入，但实际上 TPP 通过预设规则对新加入者进行资格审查，且强调高标准、全面一体化的理念，如要求服装和鞋只有所用纺织品等生产原料均来自 TPP 成员才能享受零关税出口，加上对谈判进程的严格保密，都是排他性的表现。

三是谈判对象转向重要经济体、跨地区自贸安排成为热点。韩国与美国、欧盟建立 FTA 并生效后，日本加快与欧盟磋商，预计 2013 上半年将启动日—欧自贸区谈判；TPP 作为第一个跨太平洋的自贸安排吸引各国关注；欧美重拾跨大西洋自贸区（TAFTA）磋商，有意建立两大核心市场之间的贸易投资自由化协定。

四是自由化标准更高、涵盖范围更广。在欧债危机重压下欧洲一体化艰难推进，2012 年底“欧洲经济货币联盟”① 路线图的达成，意味着

① 从理论上将，“欧洲经济货币联盟”包括共同的货币政策、财政政策、经济政策以及银行业联盟。

更紧密的一体化制度建设取得新进展；美国在力推 TPP 的过程中将市场开放的重点转向服务和投资，全面一体化涉及成员国经济管理政策和体制等领域；美国在 APEC 提出“下一代贸易和投资议题”，将促进贸易自由化和便利化的关注点逐步转向改善“边境后”条件。

从未来全球贸易自由化形势看，短期内，多边贸易体制的全面推进和取得实质性进展较为困难，而由于各国对区域和双边自由贸易的制度性安排更加积极，区域一体化将出现更加复杂的局面。在亚太地区，TPP 和 RCEP 的同时推进，虽对亚太和东亚地区相对滞后的区域一体化是促进，但进程中利益相互交织，矛盾错综复杂。在发达国家，由于多边受阻，欧美已将区域自贸安排视为刺激经济复苏、巩固其全球规则制定者地位进而将规则向全球推广的重要途径和平台。虽然美国战略东移至亚太地区，但并不会因此忽视传统的美欧关系，相反两方都希望通过合作继续在全球经济体系中保持优势地位、发挥领导作用。布热津斯基在新作《战略远见——美国和全球权利危机》中就谈到：“为了应对东方因中国崛起而产生的复杂局面，美国必须首先要维持西方的稳定，形成以跨大西洋联盟为核心的、扩大的西方。”为此，美欧将已搁置多年的跨大西洋自由贸易安排重新提上议事日程并将于 2013 年启动正式谈判。

中期看，亚太地区实现建立覆盖整个区域的自贸机制的可能性不大，欧美自由贸易协定能否真正达成也将视其自身经济发展态势和世界经济格局的变化，新兴经济体崛起带来的外部压力将是最为关键的影响因素，美欧有可能因新兴经济体的崛起而加速启动和完成 TTIP 谈判。

（四）世界经济管理架构重建，全球治理难度加大

金融危机后，改革和完善世界经济规则和标准，推动国际经济秩序

朝着更加公正合理包容的方向发展，已成为国际社会的共识和行动[①]。新兴经济体实力的大幅提升，为全球经济复苏带来新的动力，而且成为解决全球性问题不容忽视的力量，20 国集团（下称 G20）替代 G8 成为全球经济治理的首要平台，发展中国家在世界银行、国际货币基金等国际组织中投票权有所提升。各国期待通过重建世界经济管理架构，共同应对危机、促进全球经济复苏。

值得注意的是，随着危机的逐步缓解，各国之间，特别是 G20 内部各种矛盾分歧日益显现，利益博弈的复杂性上升。发达经济体之间宏观政策目标不同，协调难度大；G7 多年来主导全球治理，与新兴经济体在改革现有全球金融货币体系和管理框架的迫切性上存在分歧；发达国家将促进全球经济复苏的国际责任向发展中国家转移，进而挤压新兴大国发展空间；而新兴经济体之间实力参差不齐，经济联系的紧密程度相对较弱，相互间贸易争端频发，在多边谈判中的利益取向也存在潜在矛盾，协调机制的效果未达预期。

未来 5 年，新兴经济体的话语权增大，但尚无能力根本改变发达国家主导全球治理的格局。由于各国在全球化中的利益诉求和关注议题不同，全球治理难度进一步加大。一方面，新兴经济体国际影响力和协调能力相对较弱、缺乏对议题设置的参与，使新兴经济体在重大问题上难以形成一致声音，发达国家部分话语权的让渡，难以使新兴经济体实力的提升在全球治理改革中得到充分体现，加上实力对比未发生根本性转变，发达国家仍将尽力维持其优势地位并在全球治理中占据主导权。另一方面，虽然在遏制危机蔓延、加强金融监管、促进国际货币体系改革等方面，各国通过 G20 和国际组织的合作努力取得初步成效，但效果低

① 王岐山在 2012 年 9 月 19 日全球价值链国际研讨会上的讲话。

于预期。由于各国间矛盾分歧日益加大，未来G20等机制和论坛将成为各国诉求的重要沟通平台，但全球治理的难度将进一步加大。

三、不可忽视的风险及不确定因素

在未来全球化进程中，由于资源短缺、外部需求减弱、世界经济陷入中长期低速增长，“逆全球化”的风险和不确定因素不可忽视。

一是担心利益分配不均，导致贫富分化加剧和新矛盾的产生。由于发达国家和新兴经济体的双速增长，长期来讲有可能产生经济学家们预测的“收敛效应”（或“趋同效应”），少数新兴大国有可能加快缩短与发达国家的差距并实现赶超。但仍有相当数量的国家或利益群体，担心利益分配不均导致进一步的贫富分化加剧，并成为反对全球化浪潮的最主要力量。此外，面对全球性议题的挑战，虽然多边共同利益有所增加，但在解决问题的途径上又引发新的矛盾和分歧。例如，如何应对资源环境约束和全球气候变化已成为国际经济关系中的重要矛盾之一。从长期来看，新兴经济体要加快实现工业化和城市化进程，对全球能源和资源的需求将不断上升，而发达国家对资源环境的诉求完全不同，两者之间由此产生的巨大矛盾将对新兴经济体的发展空间构成较大约束。

二是保护主义抬头，导致全球贸易投资的发展环境恶化。经济衰退与贸易保护措施增加存在极强的正相关关系，不仅得到理论研究和历史经验的支持①，此次金融危机后的实践也再次予以证明。根据第11期

---

①《2009年世界贸易报告》指出，理论研究表明，当一国经济衰弱，特别是经济增长减弱、失业率提升、对外贸易条件恶化时，贸易保护主义意愿最为强烈。

《全球贸易预警报告》（“Global Trade Alert Report”）①，自2008年以来，各国共实施了上千项新的损害外国商业利益的保护措施，其中G20成员采取的保护措施占总量的79%。中国更是受贸易保护主义威胁最大的国家，据WTO统计，我国已连续多年成为反倾销和反补贴调查的第一对象国。2011年国外共对我国发起反倾销、反补贴和特保调查等67起，涉案金额仍保持高位，达59亿美元。2012年我国出口产品共遭遇77起贸易救济调查②，涉案金额为277亿美元，分别增长11.6%和369%。据《全球贸易预警报告》，金融危机以来中国遭受贸易伙伴实施的保护措施数量，远高于其他主要出口国，甚至高于欧盟27国之和。2012年，全球贸易增长已从2010年的13%和2011年的7%降至3%。未来，全球贸易恢复不理想将在很大程度上制约经济复苏进程，在失业率高企的压力下，各国有可能选择继续向国内保护势力让步。

第三，政策目标不同，各国间宏观政策协调难度加大。随着危机的逐步缓解，各国利益诉求和政策着力点的差异日益显现。例如，逆差国与顺差国在反对保护主义上存在较大分歧，一贯推行“全球自由贸易”的美国积极宣扬“公平贸易”，以维护国内产业部门的利益；多数发达国家政府债务和财政赤字占GDP的比重远超德国和新兴经济体，持续的量化宽松政策导致全球输入性通胀压力骤增，在继续推行刺激政策还是加强财政约束上各国分歧严重。在促进经济复苏和经济全球化中，一旦应对全球性危机的压力有所减退，各方在全球治理中加强合作的意愿将降低，加上政府财政危机制约发达国家宏观调控能力，各国通过协调对话达成共识、采取联手行动的难度将显著增加，宏观政策协调的空间将受到挤压。

---

① 2012年6月发布的最新一期《全球贸易预警报告》。

② 商务部于2013年1月公布的不完全统计。

第四，经济联系日益紧密，危机易向全球快速扩散。全球经济已经成为一个相互依存、紧密联系的整体，任何局部的问题都容易通过全球货币体系、大宗商品市场、金融市场等将影响传播至整个世界。从发达国家长期低迷、新兴经济体增速放缓、外部需求减弱、结构调整压力加大、国际金融市场动荡、失业率高企和老龄化加重等特征看，我们已经处于容易爆发危机的全球经济体系，而危机一旦发生，将以前所未有的速度和破坏力向全球范围蔓延。

四、全球化新趋势对中国的影响及策略选择

未来全球化深入发展和新的趋势，将对我国的外部环境产生重大影响。我国转变经济发展方式与实现和平发展既面临难得的历史机遇，又面临由风险和不确定性增强导致的严峻外部挑战。面对更加复杂的国际环境，我国不仅要增强抵御外部风险的能力，还应以更为积极主动的开放战略，迎接更加深入、更具挑战的全球化发展。

充分利用“分享中国发展机遇”促合作，迎接全球化机遇和挑战。新兴经济体的快速发展和跨国公司的供应链整合将成为全球化新的推动力量并将带来新的市场机遇；而随着全球资源、市场、资金和技术创新上的竞争加剧，中国也将面临更大的、来自发达国家和其他新兴经济体的双重竞争压力，我国在全球利益分配格局中的增值潜力将受到挤压。在应对思路上，应充分利用各国在经济复苏过程中希望更多地“分享中国发展机遇”促进对外合作，在迎接外部竞争挑战的过程中力争获得更大发展空间，进一步提升我国在全球分工和利益分配格局中的地位和增值空间。

制定整体战略，积极推进我国区域和双边自贸区建设。近期多边体制建设受阻，各国加快实施自由贸易区战略的区域集团化趋势，不仅将对我国产生显著的贸易和投资转移效应，而且在亚太区域经济一体化进程中中国有被边缘化的可能，严重影响我国在东亚一体化中的地位和话语权。为此，我国除了继续在各种场合维护和支持以多边为主推进全球贸易投资自由化，需加快制定推进自贸区建设的总体战略，通过部际协调减少国内阻力，并加强与不同区域、不同特点和较大规模经济体开展大胆接触和深度探讨，加快推进我国区域和双边 FTA 的建设。

继续扩大开放，参与全球治理和规则制定。金融危机后，改革国际经济管理架构的呼声增强，各国积极参与全球治理和规则制定，希望在全球利益分配格局中争得更大发言权和实际利益。随着经济实力的快速提升和与世界经济的不断融合，全球治理及其规则的走向直接影响到中国的切身利益，而随着自身地位的提高，中国更有能力作为核心力量参与全球治理和多边规则的制定，各国对中国发挥更大作用既有期待，也有所顾忌。对此，我国要敢于承担与地位相匹配的大国责任，并应以议题为核心寻找更多国际力量的支持。最为重要的是，我国不应仅仅将开放视为挑战，应该看到，新的规则制定和市场开放重点与我国市场改革的长期总体目标具有一致性。因此，需以更加积极、开放的态度参与全球治理和规则制定，不仅像入世抉择时“以开放促改革”，更要努力推进国内改革，为更高水平的对外开放提供必要条件。

张　琦

张琦，国务院发展研究中心对外经济研究部副部长，研究员。

专题三

国际贸易格局以及对中国的影响

一、全球贸易走上复苏之路

（一）危机后全球国际贸易走上复苏之路

相对于全球经济的复苏缓慢，货物贸易和服务贸易呈现出较快反弹。2011 年，全球货物出口达到 18.09 万亿美元，比上年增长 18.89%，超过危机爆发时 2008 年的 16.11 万亿美元；全球服务贸易出口达到 4.24 万亿美元，比上年增长 10.65%，超过 2008 年的 3.91 万亿美元。其中，货物贸易的绝大多数产品增速超过 10%。

（二）区域一体化等成为影响国际贸易增长的重要因素

通常，影响国际贸易增长的主要因素有：国际分工、经济增长、技术进步、贸易方式、产品结构等。随着技术进步，国际分工不断演变，形式多样化，推动了全球直接投资、货物贸易与服务贸易；反过来，贸易规模扩大和内容变化，也促使产业转移和国际分工的深化。近几年，跨国公司内部贸易是影响全球贸易的重要因素，某些领域内的产业链、价值链呈现一体化发展趋势；新一代信息技术和新能源技术进一步发展和扩散，促进国际贸易发展。

（三）未来全球贸易迎来风险与增长并存的增长期

预计到2020年左右，全球经济可能彻底摆脱经济危机的阴霾，全球货物贸易和服务贸易迎来风险与增长并存的增长期。一方面，遭受这次金融危机的影响，发达国家经济引擎作用大大削弱。日本经济增长摆脱低迷增长的难度进一步加大，欧盟正在经历大调整和大转型，美国正在努力寻求新的经济增长点，因此欧盟、美国即使实现经济增长，其增速也将远远不如20世纪80年代和90年代的增速。另一方面，以中国为代表的发展中国家将面临诸多不确定性。金融危机过去了四年多，以中国为代表的发展中经济体面临经济增速减缓、经济动荡的风险。近几年，中国南海、东海局势趋于紧张，中国与日本、菲律宾、越南等周边国家的领土争端，都可能对经济发展产生较大影响。

二、发达经济体与发展中经济体此消彼长

发达经济体虽然仍是全球贸易的主体，但是其全球份额基本呈现逐年下降趋势，而发展中经济体市场份额呈现逐年增加态势，二者此消彼长。货物贸易中，发达经济体的比重持续下降。1998～2001年期间、2008～2011年期间，发达经济体货物出口占全球份额分别为67.46%、54.7%，下降了近13个百分点；发展中经济体出口占全球份额分别为30.3%、41.09%，增加了近11个百分点。同样的时间区间里，美国出口占全球份额为分别为12.21%、8.26%，减少了近4个百分点；欧盟27

国出口占全球份额分别为 39.93%、34.93%，减少了 5 个百分点；日本出口占全球份额分别为 7.15%、4.77%，减少了 2.38 个百分点。

与货物贸易相仿，发达经济体服务出口份额与发展中经济体份额也呈现此消彼长态势。1998~2001 年期间、2008~2011 年期间，发达经济体服务出口占全球份额分别 75.69%、68.91%，减少了 6.78 个百分点；发展中经济体服务出口占全球份额分别为 22.62%、28.3%，增加了 5.68 个百分点。

1995~2011 年期间，印度出口占全球出口份额从 0.62% 增加到 1.67%，提升了 1.05 个百分点；俄罗斯出口占全球出口份额从 1.66% 上升到 2.64%，增加了 0.98 个百分点；中国出口占全球出口份额从 2.9% 上升到 10.5%，增加了 7.6 个百分点。同一期间，印度进口占全球进口份额从 0.7% 增加到 2.53%，增加了 1.83 个百分点；中国进口占全球进口份额从 2.54% 上升到 9.53%，增加了近 7 个百分点。可以预见，未来一段时间，以金砖国家为代表的发展中经济体在全球货物贸易、服务贸易中的份额进一步提高。

三、全球贸易结构进行调整和转型

（一）全球贸易结构不断进行调整

货物贸易的制成品中，2011 年全球劳动密集型与资源产品比上年增长 16.91%，低技术密集性、中等技术密集性、高技术密集型产品分别增长 20.12%、17.66%、10.75%。从 3 位编码的具体商品来看，绝大部分产品保持两位数的增长，全球增长最高的是硫黄和硫化铁，增速高到 86.61%，制成品中的拖车与半拖车增长 42.87%，合成橡胶增长

41.98%，只有电影胶片、摄像设备、电视接收器等极少数产品出现负增长。

1998~2011年期间，全球货物贸易中，低技术密集型制成品占全部货物贸易的比重变化不大，基本维持在6%左右；劳动密集型和资源禀赋制成品占全部货物贸易的比重呈现下降态势，从13%下降到8.9%；低技术密集型制成品占比也是呈现降趋势，从25.7%下降到21%；高技术密集型制成品占比出现波动，最低是金融危机爆发时2008年的24.6%，最高是2000年的29.1%。

（二）发展中经济体结构转型效果明显

国际金融危机对全球造成了较大的冲击，促使一些经济体进行转型，发展中经济体结构转型效果突出。1998~2001年期间、2008~2011年期间，同样的时间区间里，货物贸易的制成品全球市场份额中，发展中经济体的劳动密集型与资源产品出口份额分别为45.13%、52.95%，增加了7.82个百分点；低技术密集性产品出口份额分别为26.42%、39.65%，增加了13.23个百分点；中技术密集性产品的出口份额分别为16.97%、27.63%，增加了10.66个百分点；高技术密集性产品的出口份额分别为29.59%、42.28%，增加了12.69个百分点。

相比较而言，船舶、通信设备等产品进行了结构调整。1995~1996年期间、2010~2011年期间，发展中经济体的船舶出口份额分别为27.35%、74.71%，增加了47.36个百分点；通信设备及其零部件出口份额分别为31.44%、65.46%，增加了34.02个百分点；数据自动处理设备出口份额分别为35.46%、70.02%，增加了34.56个百分点；光学设备出口份额分别为29.58%、80.85%，增加了51.27个百分点；阴极阀与管出口份额分别为41.42%、70.46%，增加了29.04个百分点；办公机器出口份额分别为29.68%、60.46%，增加了30.78个百分点；蒸汽锅炉及辅助设备出口份额分别为9.36%、55.87%，增加了46.51个百分点。

（三）未来进一步出现产业内贸易

跨国公司的全球生产布局推动国际贸易结构的变化，国际贸易由产业间贸易向产业内贸易和公司内贸易演化，导致中间品贸易和服务贸易在国际贸易中的比重上升。全球经济的市场化和科技进步为跨国公司全球生产分工的深化创造了有利的条件，原本一些不可贸易的东西也变成了可贸易品，包括无形的非物质产品。

如前所述，跨国公司对国际分工国际贸易有着重要影响，例如，国际分工出现新变化。除了垂直型国际分工、水平型国际分工外，产业间贸易（Inter－industry Trade）和产业内贸易（Intra－industry Trade）等分工形式涌现出来，而且产业内贸易比重不断增加。未来，新型的产业组织形式和国际分工也将出现，贸易通过投资、第三方中转、全球采购与组装等，一些国家和地区将成为贸易、加工、制造的中转站与中间环节，贸易转移和贸易创造效应并存，促进贸易转型和结构调整。

四、全球贸易自由与保护相互交织

（一）贸易保护主义抬头

无论是金融危机爆发之前还是之后，全球贸易活动中贸易自由与贸易保护相互交织在一起。金融危机爆发后，部分国家出现主权债务危机，国内外经济形势、社会形势趋于恶化，市场竞争更加激烈，金融危机后贸易保护主义行为更加明显。

从传统的贸易救济措施来看，反倾销、反补贴、保障措施等频繁使用，特别是反倾销与反补贴并案实施。根据世界贸易组织（WTO）的统计数据，1995～2011年期间，1998年亚洲金融危机爆发，2008年国际金融危机爆发，形成了全球货物贸易中的两个反倾销波峰，1999年、2008年发起的反倾销案件数量分别达到358起、209起，占该期间全球发起反倾销案件总量的14.1%；同一期间内，两次金融危机形成了全球货物贸易中的两个反补贴波峰，1999年、2009年全球发起的反补贴案件数量分别达到41起、28起，占该期间全球发起反补贴案件总量的24.7%，实施反补贴案件数量滞后一年，2000年、2009年全球实施的反补贴案件数量分别达到21起、19起，占该期间全球实施反补贴案件总量的24%；同一期间内，两次金融危机形成了全球货物贸易中的两个保障措施波峰，2000年、2009年全球发起的保障措施都是25起，占该期间发起保障措施总量的21.8%，实施保障措施分别为7起、10起，占该期间实施保障措施总量的14.9%。

除了传统的“双反一保”、技术壁垒等，金融危机爆发后，新型的贸易保护措施出现。例如，美国针对知识产权的337调查、针对外国政府“不合理”或“不公正贸易做法”的301调查、经济刺激方案中的“购买美国货”条款，以及欧盟扶持低碳经济发展，实施碳关税等谋求新的经济增长和竞争力源泉。全球贸易预警组织（GTA）2011年7月发布的报告指出，自2010年G20首尔峰会起的半年多来，全球范围内已实施194项保护主义措施，其中80%是来自G20国家；2012年6月发布的第11次报告指出，自2008年11月G20峰会以来，全球范围内已经实施1640项保护措施（不包括非公平贸易和保障措施调查），比2011年11月G20峰会时增加了331项保护措施（不包括非公平贸易和保障措施调查）。

需要指出的是，长期以来，无论是案件数量还是涉案金额，中国都是贸易保护主义的最大受害者。

（二）区域内贸易与一体化进程不断演变

根据 WTO 的统计，截至 2013 年 1 月 18 日，向 WTO 通报的区域贸易协定（RTA）数量多达近 400 个，生效的区域贸易协定已经达到 246 个，绝大多数国家参与了一项以上的区域自由贸易安排，墨西哥签订的自由贸易协定数量甚至多达 40 个。这些区域贸易协定包括货物贸易，也包括货物贸易和服务贸易，并采取了优惠贸易安排、自由贸易协定、关税同盟、经济一体化等形式。区域经济一体化的发展既是多边贸易体系的补充，但也在一定程度上削弱了多边贸易体系的作用。在区域经济一体化的发展中，国际贸易的流向发生了变化，区域内贸易在国际贸易中的比重上升，国家之间的竞争向区域集团之间的竞争演变。欧盟区域内贸易、北美自由区内贸易、东盟区域内贸易比重占据重要地位，根据联合国贸易发展会议（UNCTAD）的统计数据，欧盟区域内贸易占比达到 58% 以上，北美自由贸易区占比达到 33% 以上，东盟区域内贸易比重达到 21% 以上。

区域组织内，各贸易伙伴之间贸易壁垒大幅度降低，成为低交易成本的贸易自由区域，但是对于区域组织以外的贸易伙伴，就形成了贸易壁垒，实际上也是一种贸易保护。因此，全球范围内越来越多的区域组织出现，形成了多个利益集团。例如，亚洲区域的东盟组织（ASEAN）、美洲的北美自由贸易区（NAFTA）和南方共同体（MERCOSUR）。近期，亚洲区域一体化重现竞争态势，跨太平洋伙伴关系（TPP）、区域全面经济合作伙伴关系（RCEP）等相继出现。未来的国际贸易格局，无论是货物贸易还是服务贸易，仍将继续是贸易自由和贸易保护交织的格局。

五、中国贸易品竞争力和影响力逐步增强

中国加入世界贸易组织（WTO）以来，无论货物贸易还是服务贸易，都得到了快速发展。其中，中国贸易品影响力和竞争力逐步提高。

（一）中国贸易影响力日益提升

如表1所示，1998～2011年期间，中国货物贸易产品出口占世界出口的份额从3.36%增加到10.5%，增加了7.14个百分点。其中，制成品出口从3.85%增加到15.4%，增加了11.55个百分点；机械和运输设备出口的市场份额增加了13.32个百分点；纺织品和服装出口的市场份额增加了19.88个百分点。按照技术程度来划分，劳动密集与资源禀赋制成品出口、低技术密集型制成品出口、中等技术密集型产品出口、高技术密集型制成品出口的市场份额分别增加了18.27个百分点、12.59个百分点、8.11个百分点、12.4个百分点。与1998～2001年期间相比，2008～2011年期间的中国货物贸易产品的出口市场份额都有不同程度的增加（见表1）。

表1　中国部分出口产品占世界份额

	1998	2011	增加百分点	1998～2001	2008～2011	增加百分点
所有产品	3.36	10.50	7.14	4.21	9.87	5.65
制成品	3.85	15.40	11.55	5.02	14.14	9.11
机械和运输设备	2.24	15.56	13.32	3.62	14.32	10.70
钢铁	2.26	10.40	8.14	2.48	10.10	7.62
纺织品和服装	11.33	31.21	19.88	13.69	29.72	16.03

续表

	1998	2011	增加百分点	1998 ~ 2001	2008 ~ 2011	增加百分点
劳动密集与资源禀赋制成品	9.85	28.12	18.27	11.85	26.04	14.18
低技术密集型制成品	4.41	17.00	12.59	5.88	15.44	9.56
中等技术密集型产品	1.70	9.81	8.11	2.60	8.90	6.30
高技术密集型制成品	2.73	15.13	12.4	3.97	14.07	10.10

注：制成品包括 SITC 5 到 8，不包括 667 和 68；钢铁是指 SITC 67，机械和运输设备是指 SITC 7，纺织品和服装包括 SITC 26、65、84。

资料来源：联合国贸易发展会议（UNCTAD）。

（二）中国贸易竞争力逐步增强

根据显性优势指数，我们可以看出中国产品出口的国际竞争力变化。总体上讲，中国产品的国际竞争力是稳步增加的。表 2 显示，1998 ~ 2011 年期间，中国制成品出口的显性优势指数保持稳步增加态势，从 1.14 增加到 1.47；其中，机械和运输设备的显性优势指数从 0.66 增加到 1.48，纺织品和服装的显性优势指数虽然出现下降态势，但仍保持在 2.97 以上。如果按照技术程度来划分，中国最具有国际竞争力的产品依然是劳动密集与资源禀赋制成品，其显性优势指数不仅保持稳定，而且长期在 2.5 以上；低技术密集型制成品的显性优势指数保持在 1.3 以上，基本是小幅增加；高技术密集型制成品的显性优势指数从 0.88 增加到 1.44，明显有所提高；中等技术密集型产品的显性优势指数提高缓慢，从 0.51 增加到 0.93，仍不具备国际竞争力。

表 2　　中国部分出口产品的显性优势指数

	1998	1999	2000	2001	2002	2003	2004	2005	2006	2007	2008	2009	2010	2011
制成品	1.14	1.16	1.20	1.20	1.21	1.23	1.26	1.30	1.34	1.36	1.43	1.40	1.42	1.47
机械和运输设备	0.66	0.72	0.81	0.88	0.97	1.09	1.17	1.23	1.27	1.31	1.40	1.46	1.46	1.48
纺织品和服装	3.37	3.38	3.42	3.24	3.07	3.00	2.90	2.97	3.09	3.06	3.11	3.00	2.98	2.97

续表

	1998	1999	2000	2001	2002	2003	2004	2005	2006	2007	2008	2009	2010	2011
劳动密集与资源禀赋制成品	2.93	2.90	2.95	2.79	2.69	2.58	2.50	2.57	2.63	2.56	2.64	2.59	2.64	2.68
低技术密集型制成品	1.31	1.34	1.54	1.41	1.31	1.30	1.34	1.37	1.48	1.54	1.63	1.43	1.56	1.62
中等技术密集型产品	0.51	0.56	0.62	0.63	0.63	0.62	0.65	0.69	0.74	0.78	0.87	0.90	0.90	0.93
高技术密集型制成品	0.81	0.83	0.87	0.95	1.06	1.20	1.29	1.35	1.36	1.41	1.45	1.39	1.42	1.44

注：制成品包括 SITC 5 到 8，不包括 667 和 68；钢铁是指 SITC 67，机械和运输设备是指 SITC 7，纺织品和服装包括 SITC 26、65、84。

资料来源：联合国贸易发展会议（UNCTAD）。

商品按照3位编码来衡量，显性优势指数每年超过1.5的出口产品达到39种产品，这些产品包括鱼与无脊椎水产品、纺织品、办公设备、摩托车等；每年超过2的出口产品只有18种，包括纺织品、瓷器、挂车及半挂车（见表3）。

表3　显性优势指数超过2的中国出口产品

	1995	2000	2005	2006	2007	2008	2009	2010	2011
丝绸	20.22	19.51	10.52	8.47	9.43	9.35	8.05	6.23	6.83
纯棉制品	5.33	3.57	3.31	3.36	3.26	3.68	3.64	3.82	3.77
人造织物	2.4	2.54	3.45	3.39	3.19	3.38	3.22	3.35	3.59
纺织原料、人造制品	6.6	5.09	4.45	4.34	4.09	4.47	4.42	4.23	4.05
陶瓷	6.12	7.22	5.16	5.1	4.12	4.03	4.67	4.99	5.24
刀叉	3.4	4.92	3.99	3.68	3.68	3.32	3.13	3.12	3.2
金属家用设备及其他	2.58	3.89	3.77	3.71	3.56	3.52	3.51	3.71	3.87
挂车及半挂车	4.57	6.4	4.23	3.54	3.38	3.27	2.07	3.51	3.7
灯具配件及其他	3.45	4.34	3.72	3.67	3.58	3.82	3.64	3.9	3.95
旅行用品手袋及类似包	6.6	6.03	4.27	4.06	3.93	4.25	4.05	4.29	4.37
纺织女装	5.44	4.19	3.29	3.32	3.11	3.17	3.12	3.13	3.01
纺织、针织、钩编男装或男童装	3.28	4.05	3.62	4.45	5.28	4.89	4.3	4.25	4.21
纺织、针织、钩编女装	3.11	4.04	3.31	4.32	4.62	4.26	3.99	4.22	4.38
纺织服装及其他	4.44	4.27	3.36	3.68	3.61	3.44	3.09	3.1	3.09
服装配件，纺织面料	3.2	3.48	3.39	3.44	3.51	3.92	3.78	3.74	3.86
除纺织物外的服装	7.44	7	5.37	4.09	3.54	3.4	3.41	3.41	3.4
鞋类（总称）	4.85	5.37	3.92	3.7	3.52	3.66	3.58	3.6	3.51
婴儿车、玩具、游戏和体育用品	4.96	5.41	4.38	4.25	3.84	3.91	3.46	3.48	3.59

资料来源：联合国贸易发展会议（UNCTAD）。

六、中国贸易结构正在进行调整和转型

中国贸易产品影响力日益提升，竞争力逐步增强，这是中国贸易结构转型的结果。

2008 以来，一般贸易成为我国最主要的贸易方式，2012 年一般贸易出口占出口的比重为 48.22%，一般贸易进口占进口的比重为 56.2%，分别高于国际金融危机时 2008 年的 46.38% 和 50.54%。受市场需求影响，加工贸易比重持续回落。2012 年加工贸易出口比重、进口比重分别为 42.11%、26.47%，分别低于 2008 年的 47.26%、33.40%，分别回落 5.15 个百分点、6.93 个百分点。

除了贸易方式调整外，中国实施贸易结构调整，特别是控制“三高一资”产品，贸易产品结构调整取得一定成效。1995 ~ 2011 年期间，初级产品出口占中国出口比重从 15.7% 下降到 6.54%，制成品的出口比重从 83.58% 提高到 93.16%。其中，机械和运输设备的出口比重从 21.08% 增加到 47.55%，钢铁的出口比重从 3.47% 下降到 2.92%，纺织品与服装的出口比重从 26.03% 下降到 13.27%。按照技术程度来划分，劳动密集与资源禀赋制成品的出口比重从 40.64% 下降到 23.84%，低技术密集型制成品的出口比重从 9.41% 提高到 11.12%，中等技术密集型产品的出口比重从 11.25% 提高到 19.71%，高技术密集型制成品的出口比重从 18.63% 提高到 35.6%。与此同时，中国成为全球最重要的服务贸易大国之一，近几年服务外包方兴未艾，大大提升了中国服务贸易竞争力和促进国内服务业的发展。

根据前面分析，未来中国需要继续调整贸易结构。表 3 显示，显性

优势指数每年超过 3 的出口产品只有 15 种，全部属于纺织品与服装等劳动密集型制成品。也就是说，中国最具有国际竞争力的产品还是劳动密集型产品，鲜有技术含量高的制成品。以 3 位编码的商品来衡量，中国出口产品占发展中国家出口产品比重每年超过 20% 的产品达到 36 种，出口比重每年超过 30% 的产品只有 11 种，它们主要是丝绸、纺织品、瓷器、炸药、挂车及半挂车等。这也说明，未来的全球贸易格局中，中国需要进一步调整贸易结构，任务将是十分艰巨的。

胡江云

胡江云，国务院发展研究中心对外经济研究部研究室主任，研究员。

专题四

全球跨境投资的趋势和影响

一、全球跨境投资的现状和趋势

我们从规模、流向、来源、形式和领域、主体、政策等方面来分析全球跨境投资的现状和趋势。

（一）跨境投资规模：全球跨境投资处于恢复之中，未来几年将会平稳增长

2003～2007年，全球跨境投资快速增长，从2003年的5600亿美元增加到2007年的历史最高水平1.98万亿美元，增加了2.5倍多。金融危机爆发后，全球跨境投资迅速下滑，2008年减少到1.7万亿美元，2009年进一步减少到1.2万亿美元。随着全球经济触底企稳，全球跨境投资也出现反弹，2010年达到1.31万亿美元，2011年达到1.52万亿美元，见图1。2012年，受欧债危机演变和美日经济复苏前景不明等因素的影响，全球跨境投资复苏势头受挫，全球外国直接投资流入量下降了18%，约为1.3万亿美元，再次回到与2009年低谷相当的水平。不过联合国贸发

组织预测，今后两年，全球外国直接投资流入量可能温和上升，2013 及 2014 年预计将分别达到 1.4 万亿和 1.6 万亿美元。根据联合国贸发会议的调查，跨国公司对未来全球跨境投资的看法也较为乐观，并呈现不断改善的态势，对 2013 年乐观的占了 41.4%，对 2014 年乐观的占了 53.4%，见图 2。

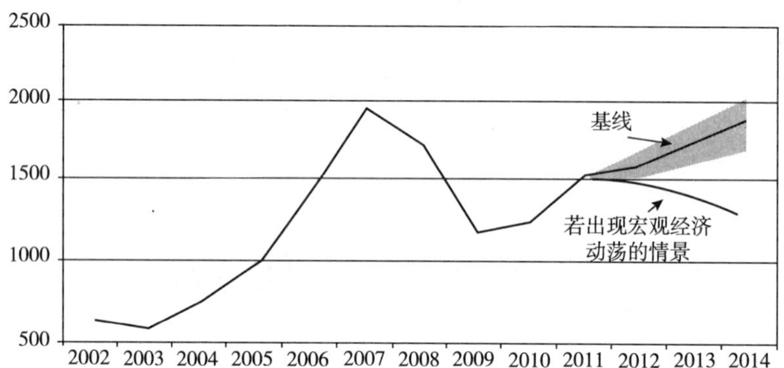

图 1　2002～2011 年全球直接外资流量及 2012～2014 年预测（10 亿美元）

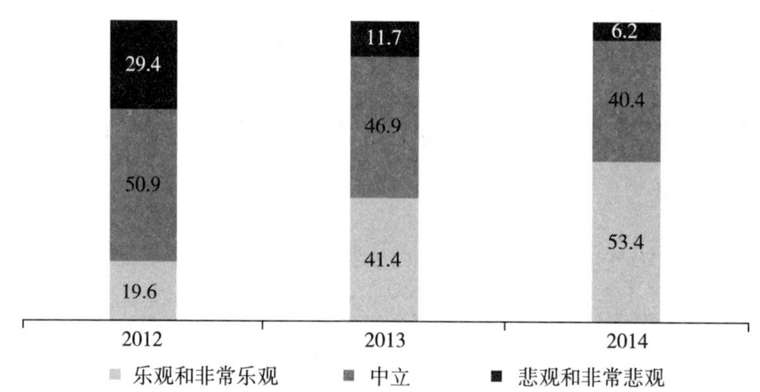

图 2　跨国公司对 2012～2014 年全球投资环境的看法（不同回应所占的百分比）

资料来源：2012 年世界投资报告。

由于目前世界主要经济体中，美国经济开始复苏，欧洲债务危机得到控制以及新兴经济体和发展中国家的经济增长潜力正在逐渐显露，世界经济有望缓慢走出低谷，全球跨境投资也有望稳步增长，其增长趋势取决于各国经济的复苏速度和国际经济规则的变化，见图 1。

（二）跨境投资流向：发达经济体的外资流入势头减缓，发展中国家吸收全球外资首次超过一半

此前，发达国家一直是吸收全球跨境投资的主要目的地，近几年由于发展中国家吸收外资的快速增长或下降幅度较小，流向发生了结构性变化。金融危机之后，发展中国家吸收外资规模也同样受到了较大影响，但是反弹速度明显快于发达国家。2011 年，发展中国家吸收的跨境投资达到了 6840 亿美元，创下了历史新高，占全球跨境投资总额的 44.9%；同年，发达国家吸收的跨境投资为 7478.6 亿美元，比历史最高峰 2007 年减少了 42.7%，占全球跨境投资总额的 49.1%，见表 1。值得注意的是，金融危机后，发达国家吸收跨境投资所占比重第一次低于 50% 是发生在 2010 年，为 47.3%。2012 年，发展中国家吸收的跨境投资同比仅下降了 3%，而流入发达国家的却陡降 32%，致发展中国家吸收的外国直接投资所占比重首次超过了 50%，而 2010 年和 2011 年需要与转型经济体合计才超过了 50%。

外商直接投资吸引力指数是联合国贸发会议用于衡量一个经济体对外商直接投资吸引力的指标。2011 年基于该指标的排名中，有 8 个发展中经济体和转型经济体位列前 10，蒙古首次跻身前列，而在 2010 年前只有 4 个。10 名之后，也有许多发展中经济体排名大幅上升，包括加纳（第 16 位）、莫桑比克（第 21 位）和尼日利亚（第 23 位）。如果将外商直接投资吸引力指数与外商直接投资潜力指数（该指数是联合国贸发会议用于衡量一个经济体吸收外资潜力的指标）相比，包括阿尔巴尼亚、柬埔寨、马达加斯加和蒙古在内的不少发展中经济体和转型经济体已经

吸引了比预期更多的外商直接投资，也有一些经济体吸收的外商直接投资水平低于预期水平，这些经济体包括阿根廷、菲律宾、斯洛文尼亚和南非。

表1　各区域接收的外商直接投资流量　单位：10亿美元

接受区域	平均数额		2009	2010	2011	预期数额		
	2005～2007	2009～2011				2012	2013	2014
全球直接外资流量	1473	1344	1198	1309	1524	1495～1695	1630～1925	1700～2110
发达国家	972	658	606	619	748	735～825	810～940	840～1020
欧盟	646	365	357	318	421	410～450	430～510	440～550
北美	253	218	165	221	268	255～285	280～310	290～340
发展中国家	443	607	519	617	684	670～760	720～855	755～930
非洲	40	46	53	43	43	55～65	70～85	75～100
拉丁美洲和加勒比	116	185	149	187	217	195～225	215～265	200～250
亚洲	286	374	315	384	423	420～470	440～520	460～570
转型经济体	59	79	72	74	92	90～110	100～130	110～150

资料来源：2012年世界投资报告。

（三）跨境投资来源：发达国家仍然是主要来源，来自发展中国家的跨境投资占比明显上升

发达国家是跨境投资的主要来源，金融危机没有改变这一格局，但是，发展中国家占跨境投资来源中的占比明显提高。2007年，来自发达国家的跨境投资占全球的84.3%。金融危机爆发后，该比重明显下降。2011年，该比重下降到73%。而发展中国家的占比从2007年的13.3%上升到2011年的22.6%，见表2。

表 2　2009～2011 年各区域直接外资流量　单位：10 亿美元，%

区域	直接外资流入量			直接外资流出量		
	2009	2010	2011	2009	2010	2011
全世界	1197.8	1309.0	1524.4	1175.1	1451.4	1694.4
发达经济体	606.2	618.6	747.9	857.8	989.6	1237.5
发展中经济体	519.2	616.7	684.4	268.5	400.1	383.8
非洲	52.6	43.1	42.7	3.2	7.0	3.5
东亚和东南亚	206.6	294.1	335.5	176.6	243.0	239.9
南亚	42.4	31.7	38.9	16.4	13.6	15.2
西亚	66.3	58.2	48.7	17.9	16.4	25.4
拉丁美洲和加勒比	149.4	187.4	217.0	54.3	119.9	99.7
转型经济体	72.4	73.8	92.2	48.8	64.6	73.1
结构薄弱、脆弱和规模较小的经济体[a]	45.2	42.2	46.7	5.0	11.5	9.2
最不发达国家	18.3	16.9	15.0	1.1	3.1	3.3
内陆发展中国家	28.0	28.2	34.8	4.0	9.3	6.5
小岛屿发展中国家	4.4	4.2	4.1	0.3	0.3	0.6
备查：占世界直接外资流量的比例						
发达经济体	50.6	47.3	49.1	73.0	68.2	73.0
发展中经济体	43.3	47.1	44.9	22.8	27.6	22.6
非洲	4.4	3.3	2.8	0.3	0.5	0.2
东亚和东南亚	17.2	22.5	22.0	15.0	16.7	14.2
南亚	3.5	2.4	2.6	1.4	0.9	0.9
西亚	5.5	4.4	3.2	1.5	1.1	1.5
拉丁美洲和加勒比	12.5	14.3	14.2	4.6	8.3	5.9
转型经济体	6.0	5.6	6.0	4.2	4.2	4.3
结构薄弱、脆弱和规模较小的经济体[a]	3.8	3.2	3.1	0.4	0.8	0.5
最不发达国家	1.5	1.3	1.0	0.1	0.2	0.2
内陆发展中国家	2.3	2.2	2.3	0.3	0.6	0.4
小岛屿发展中国家	0.4	0.3	0.3	0.0	0.0	0.0

注：a 未重复计算。

资料来源：2012 年世界投资报告。

（四）跨境投资领域：实体经济再次受到各国重视，制造业成为吸收跨境投资最多的部门

金融危机刺破了虚拟经济的泡沫，欧美等国纷纷出台了“再制造化

战略”，发展实体经济再次成为各国经济政策的重点，制造业成为吸收世界跨境投资最多的部门，见表3。1980年代以来，服务业一直是吸收跨境投资最多的部门，直到本次金融危机爆发前的2005年到2007年，服务业吸收的全球跨境投资占了50%。2008年后，这一比例有所下降，2011年为40%。同期，受发达国家再工业化等因素影响，制造业吸收跨境投资占比明显增加，2010年达到了50%；2011年有所下滑，但仍然高于服务业。

表3　　全球跨境投资的行业分布　　单位：10亿美元，%

年　份	价值			份额		
	初级部门	制造业	服务业	初级部门	制造业	服务业
2005～2007平均	130	670	820	8	41	50
2008	230	980	1130	10	42	48
2009	170	510	630	13	39	49
2010	140	620	490	11	50	39
2011	200	660	570	14	46	40

资料来源：2012年世界投资报告。

（五）跨境投资主体：发达国家跨国公司仍然是主导，发展中国家跨国企业崛起

跨国公司是全球跨境投资的主体。目前，全世界共有约8.2万家跨国公司，其国外分支机构达81万家。2011年，全球最大100家非金融类跨国公司的国外资产达到7.8万亿美元，占其全部资产的63%，海外销售额达到5.7万亿美元，占其全部销售额的65%，海外雇员达到906万人，占其全部雇员数的59%，都达到了历史最高水平，见表4。

发展中国家跨国公司继续扩大海外投资。2010年，来自发展中国家和转型经济体的最大100家跨国公司的海外资产规模达到了1.07万亿美元，海外销售收入达到了1.11万亿美元，海外雇员达到了372万人，都

是历史上最大规模。来自发展中国家和转型经济体的跨国公司数量和规模在不断扩大，但是，发达国家跨国公司仍然占据着全球跨境投资的主导地位。

国有企业成为近年来跨国公司中的重要组成部分。据联合国贸发会议统计，目前，世界各地至少有650家国有跨国公司，它们成为新兴的、重要的FDI来源。它们下属的8500家外国分支机构遍布世界各地，它们也因此与许多东道经济体产生了联系。尽管这些公司的数目不多（不到跨国公司总数的1%），但是来自它们的FDI规模非常大，2010年几乎达到全球FDI流量的11%。据统计，在全球最大的100家跨国公司中，国有跨国公司就有19家。国有跨国公司构成了一个复杂多样的团体。这些公司中有一半以上来自发展中国家和转型经济体（占56%），但是来自发达国家的国有跨国公司仍然占据主导地位。这些国有跨国公司的经营范围实现了多元化，而不仅限于集中在基础产业。

表4　100家非金融类跨国公司的国际化指标　单位：10亿美元,%

指标		全球最大的100家非金融类跨国公司					发展中（以及转型）经济体最大的100家非金融类跨国公司		
		2009	2010	同比	2011	同比	2009	2010	同比
资产	境外	7147	7495	4.9	7776	3.7	997	1068	7.1
	境内	4396	4417	0.5	4584	3.8	2154	2642	22.6
	总计	11543	11912	3.2	12360	3.8	3152	3710	17.7
国外占比		62	63	1	63	0	32	29	-2.9
销售	境外	4602	4870	5.8	5696	17	911	1113	22.1
	境内	2377	2721	14.5	3077	13.1	1003	1311	30.7
	总计	6979	7590	8.8	8774	15.6	1914	2424	26.6
国外占比		66	64	-1.8	65	0.8	48	46	-1.7
就业	境外	8568	8684	1.4	9059	4.3	3399	3726	9.6
	境内	6576	6502	-1.1	6321	-2.8	4860	5112	5.2
	总计	15144	15186	0.3	15380	1.3	8259	8837	7
国外占比		57	57	0.6	59	1.7	41	42	1

资料来源：2012年世界投资报告。

（六）各国的跨境投资政策：促进吸收投资和控制对外投资的政策并行

20 世纪 90 年代，是各国放松对外经济管制、经济全球化快速发展的时期，各国纷纷减少外资管制措施，加快了跨境投资的自由化。进入 21 世纪后，在各国新出台的外资政策中，自由化的措施占比逐渐降低，加强管制的措施占比逐渐上升，见图 3。2000 年，投资促进措施占比为 94%，投资管制措施占比为 6%，之后投资促进措施占比持续下滑，2010 年，投资促进措施占比为 68%，达到最低点，限制措施占比为 32%；2011 年，投资促进措施占比有所反弹，达到了 78%，限制措施占比为 22%。2011 年投资促进措施占比的反弹是趋势性反弹，还是临时性反弹，还需要观察。2011 年各国调整的外资政策数量较少，只有 67 项调整，是 2000 年以来外资政策调整数最少的年份，因此，也难以反映各国政策调整趋势，见表 5。近年来，对外国投资的限制措施主要发生在资源、金融、科技等一些政治或者技术敏感性较高的行业。但是，由于各国经济受金融危机影响陷于低迷状态，各国又希望能够吸引外国投资来振兴本国经济发展。目前，世界经济复苏前景不明、金融市场依旧动荡，各国将继续放松对外资的管制，鼓励外国投资以促进经济增长，而在一些敏感领域将继续加强对外资的管制。

表 5　　2000～2011 年国家规制调整（措施数量）

项目	2000	2001	2002	2003	2004	2005	2006	2007	2008	2009	2010	2011
发生变化的国家数	45	51	43	59	80	77	74	49	41	45	57	44
规制调整数	81	97	94	126	166	145	132	80	69	89	112	67
利于投资的调整	75	85	79	114	144	119	107	59	51	61	75	52
不利于投资的调整	5	2	12	12	20	25	25	19	16	24	36	15
中性/不确定的规制调整	1	10	3	0	2	1	0	2	2	4	1	0

资料来源：2012 年世界投资报告。

同时，由于担心资金流出会导致削弱本国工业基础和就业岗位流失，一些国家采取了限制对外投资和鼓励境外资金回流的政策措施。在全球经济未见明显好转的情况下，这类政策措施可能会更多地被采用。

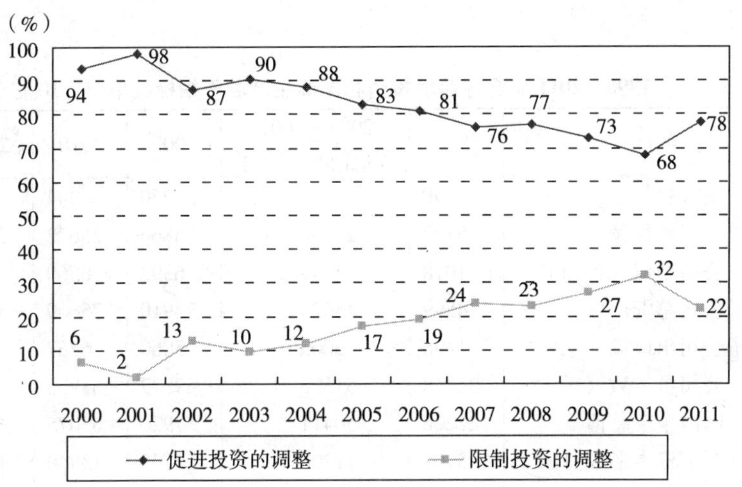

图3　2000～2011年国家规制调整数量占比

资料来源：2012年世界投资报告。

二、跨境投资对全球经济的影响

（一）跨境投资促进了国际分工和经济全球化的发展

跨境投资将世界各国经济紧密地联结在了一起，对国际分工、商品和服务贸易、技术扩散、信息和人员流动、经济全球化都产生了重要影响。在跨境投资过程中，跨国企业根据成本、技术和市场等因素，将不同的产品和不同的生产经营环节布局在全球最有效率的运营地点，以实现企业收益最大化。这些分布在全球不同地点的生产经营活动，通过商品、技术、信息和人员流动等途径联结成全球供应链网络，深化和扩大了国际分工，降低了国际生产和交易的成本，提高了全球生产效率，加快了国际贸易发展和科技研发活动扩散，推动和促进了经济全球化。下面我们用跨国企业的国际生产和科研等指标来分析跨境投资对世界经济的影响。

表6　1990～2011年全球跨境投资和国际生产若干指标　单位：10亿美元

项目	1990	2005～2007 危机前平均水平	2009	2010	2011
跨境并购（件）	99	703	250	344	526
外国子公司销售额	5102	20656	23866	25622	27877
外国子公司增值（产值）	1018	4949	6392	6560	7183
外国子公司总资产	4599	43623	74910	75609	82131
外国子公司出口额	1498	5003	5060	6267	7358
外国子公司员工数（千人）	21458	51593	59877	63903	69065
备查：国内生产总值	22206	50411	57920	63075	69660
固定资本形成总值	5109	11208	12735	13940	15770
特许权和许可证收费	29	156	200	218	242
货物和服务出口额	4382	15008	15196	18821	22095

资料来源：2012年世界投资报告。

2011年，跨国企业外国子公司出口额占世界货物和服务出口额的比重为33.3%，总产值占全球生产总值的10.3%，雇员7000万人，见表6。跨国企业数量已经达到了82000家，分布在全球的子公司大约有810000家。资料显示，OECD成员国之间近1/2的贸易是公司内贸易；波音公司在全球100多个国家建有生产外包基地，超过30%的零部件是由国外生产基地生产或加工；美国轿车25%的零部件是由其设在海外的子公司供应；在IT产业中，公司内贸易更是占有重要地位，DELL电脑90%的零部件在中国生产。

跨国公司在全球研发活动中扮演着重要角色。除了跨境投资和国际技术转移以外，跨国公司也是国际研发活动的重要投入者。最大的跨国公司的研发预算超过了许多国家的研发投资。2008年，世界最大的8家研发投资跨国企业是丰田汽车、微软公司、大众汽车、罗氏公司、通用汽车、辉瑞公司、强生公司、诺基亚公司，见图4，这8家跨国企业的研发投入之和，超过了除美国和日本之外的所有国家。

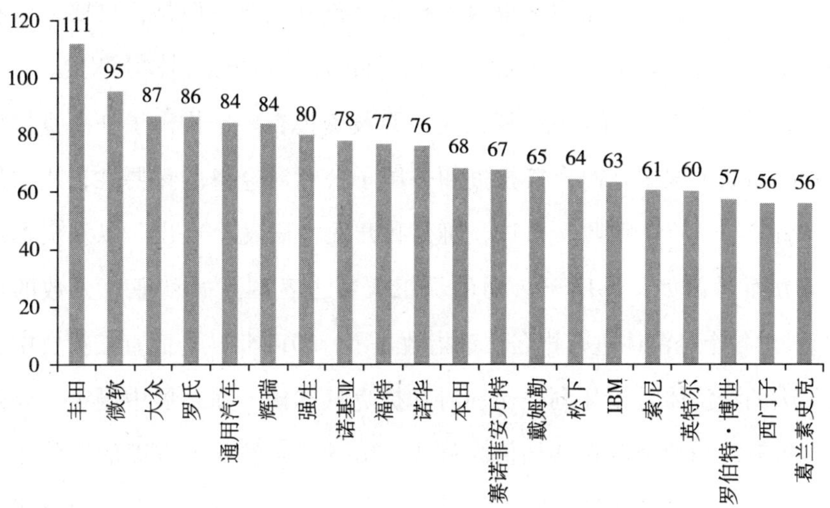

图4　研发投入最多的20家跨国公司

资料来源：OECD。

跨境投资促进了国际经济规则的变化。一方面，跨境投资促进了投资输出国和投资吸收国管理资本流动体制的建立和改进；另一方面，跨境投资促进国际投资促进和保护制度的发展，各国间已经签署了大量的双边和多边国际投资保护协定。据统计，截至2011年底，全球国际投资协定累计达到3164个。国际投资协定已经成为国际经济规则体系的重要组成部分。

（二）跨境投资对投资方和吸纳方的影响均有利弊

1. 跨境投资对投资吸收国的影响

对于投资吸收国（东道国）来说，跨境投资能够带来资金、技术、品牌、营销渠道、管理经验等生产要素，对东道国的经济增长、产业结构变动、技术进步、出口和就业等产生积极的影响。当然，跨境投资也可能给东道国造成一定的问题，例如环境污染、制造垄断、不转移关键技术、跨国企业控制品牌和渠道以攫取高额利润等。但是，只要采取有效措施，这些问题是可以克服的，至少将消极影响减少到较小程度。

2012 年，联合国贸发会议在《世界投资报告》中推出了外商直接投资贡献指数，根据外商直接投资和外国子公司对经济的重要性，从增加值、就业、工资、税收、出口、研究和开发（研发）支出，以及资本形成等方面（例如，外国子公司的员工人数占各国正式就业总人数的比例），对各个经济体进行排名。该指数显示，2011 年从外商直接投资中受益最大的经济体是匈牙利、比利时和捷克共和国。在发展中国家，外商直接投资对当地经济在增加值、就业、出口和研发支出方面的贡献相对较大，在非洲尤其明显。另外，联合国贸发会议计算，在发展中经济体和转型经济体中，“每单位外商直接投资”对经济发展的影响更大。而在有些经济体中，例如保加利亚、智利和牙买加等，主要是因为财政制度而吸引了很多外资，但外资并未对国内经济产生相应的影响，外商直接投资的贡献低于预计水平。

2. 跨境投资对投资输出国的影响

对投资输出国（母国）来说，通过境外投资能够获得更低廉的或者国内缺乏的资源、技术、品牌等生产用要素，将国内生产已经不具有比较优势的产业转移到具有比较优势的国家，降低成本、提高效率，带动配套产品出口，加快国内产业结构升级。境外投资获得的收益汇回国内，将增加国际收入，改善国际收支。在一些发达国家，境外投资也造成了产业空洞化、核心技术外泄、国内就业岗位外流等负面影响。对此，在金融危机爆发后，一些发达国家实施再工业化战略和投资保护主义政策，试图控制对外投资，扩大国内就业。

三、外商直接投资对中国经济增长的影响

（一）外商直接投资对中国经济发展作出了重要贡献

外商直接投资为我国提供了经济发展所需的资金和先进的生产经营管理方式，推动了经济增长，促进了产业结构升级和技术进步，扩大了就业和对外贸易，增强了经济的国际竞争力，加快了我国经济的对外开放和市场化进程。

1979～2011年，我国累计吸收外商直接投资11643.92亿美元。2011年，在规模以上工业企业中，外商投资企业数占17.6%，总产值占25.9%，资产占24%，主营业务收入占25.7%，利润总额占25.2%，从业人数占28.1%。

2011年底，在外商投资企业就业人数达到了2149万人。外商投资企业进出口1.86万亿美元，出口9952亿美元，进口8647亿美元，占全国比重分别是51.1%，52.4%，49.6%（全国进出口是36418.6亿美元，出口18983.8亿美元，进口17434.8亿美元）。

外商直接投资对我国的产业结构升级和技术进步也发挥了积极的作用，尤其是一些技术资本密集型的产业。外商直接投资带来了更高水平的技术和产品，以及先进的生产经营管理方式。例如，外商直接投资对推动我国电子信息产品、汽车、大型连锁超市等行业的发展起到了至关重要的作用。据统计，通信设备和计算机及其他电子设备制造业、交通运输设备制造业、化学原料及化学制品制造业是外商投资最多的三个工业行业。在服务业中，房地产、租赁和商务服务业、批发和零售业是外

商直接投资最多的行业。跨国公司还在中国设立了研发机构，逐渐将部分研发活动转移至中国进行，带动了中国产业技术的进步。跨国公司主要通过人力资源流动和技术溢出效应等渠道促进中国的技术进步。

外商直接投资加快了中国经济对外开放的步伐和融入世界经济的过程，促进了中国经济管理体制的改革，以更有效地管理开放条件下的市场经济。

（二）我国利用外商直接投资也存在一些问题和不足

当然，我国在吸收外商直接投资的过程中，也存在一些问题，主要是：以超国民待遇吸引外商直接投资，对资源环境消耗较大，进一步政策优惠的空间有限；外商投资企业向我国转移的基本上都不是核心技术，我国技术吸收环境和能力较弱，外商投资的技术溢出效应和带动效应有限；外商控制着国际营销渠道、品牌、关键研发能力等核心资源。这些问题的确在不同程度上影响了我国吸收外商直接投资的效果，但是，瑕不掩瑜，外商直接投资对我国经济发展的积极作用和影响远远大于这些消极面，未来我国应该完善政策措施，稳定外资规模和优化外资结构，继续发挥外商直接投资对我国经济发展的积极作用。

（三）中国利用外资应兼顾质量和规模

当前，国内有一种观点认为，中国目前外汇储备充足，改革开放之初资金与外汇短缺的“双缺口”局面已经改变了，我国不再需要扩大引进外资了，即使要引进，也要有选择地引进。这种观点显然是基于对外商直接投资作用的片面认识，持此种观点的人没有全面、客观地分析外资的作用。

中国经济的发展取得了巨大成就，但是，仍然存在一系列可能损害可持续增长的问题。例如，技术创新能力有限，缺乏国际知名品牌和开拓国际市场的能力，垄断阻碍了经济效率的提高，企业跨国经营的经验和整合全球资源的能力不足，等等。这些问题的解决，需要通过国内改革和采取合适的政策措施来实现。但是，保持外资政策的连续性，稳定外商直接投资规模，也是加快解决上述问题、保持经济增长的有效方法之一。对于当前中国经济来说，外资带来的不仅仅是资金，更重要的是带来了先进的经营管理方式、开放的视野、知名的品牌、网络化的营销渠道、科学合理的生产工艺和技术等。外商直接投资还促进了我国所有制结构的多样化和市场经济体制的完善，推动了我国产业结构升级和技术进步。持续稳定的外资流入，是对我国经济发展前景的肯定，有助于为我国发展创造更好的国内外环境，能为我国经济的长期稳定发展提供更多的动力。而且，现阶段流入我国的外商直接投资更多的是被中国经济和市场增长的潜力所吸引而来的，这类外资将更加注重本地化和长期化经营，对于促进我国经济增长和结构优化具有更加积极正面的影响。

事实上，我国吸收的外资总量和经济规模相比，在世界各国中处于中等水平，仍有较大上升空间。因此，在调整结构、提高外资质量的同时，应兼顾稳定外资利用规模。

（四）中国吸收外资的因素正在发生深刻变化

在多种因素的推动下，中国国内劳动力、土地、资源等生产要素价格日益上升，外资政策可优惠空间日益缩小，原来我国赖以吸收外商直接投资的生产成本低廉和政策优惠的优势日渐弱化。与此同时，我国周边国家、其他地区的发展中国家和新兴经济体、陷于经济危机困境的发达国家等，纷纷加大了吸引外资的力度。一些原来流向中国的外资转向了与中国比较优势相似的东南亚地区。TPP、东盟等区域经济协定的推进和深化，也提高了其成员国在吸收外商直接投资方面的吸引力。

虽然中国吸引外商直接投资的传统优势正在弱化，但是，中国潜在的巨大市场规模和比较成熟的配套设施，正在成为我国吸引外资的新优势。根据联合国贸发会议的调查，2012～2014 年，将中国作为跨境投资首选地的受访对象远远多于印度、印度尼西亚、巴西、俄罗斯、泰国等发展中国家，见图 5。未来，我国应该进一步优化投资环境，增加对外资的吸引力，将吸收外商直接投资和我国的经济结构调整、促进可持续增长结合起来，稳定外商直接投资规模，提高利用外资的质量和效率。

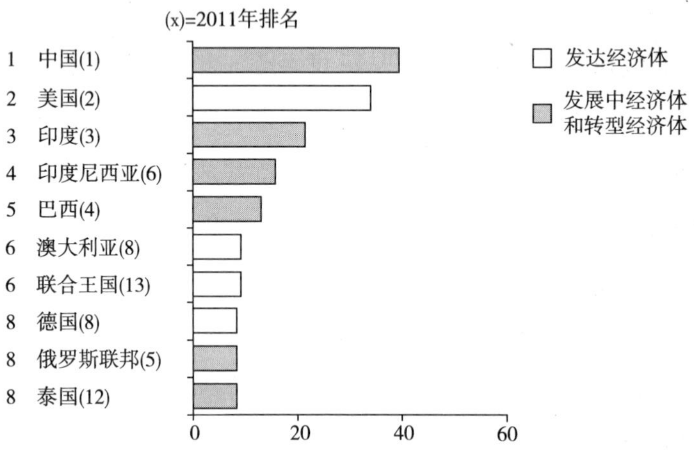

图 5　2012～2014 年跨国公司认为最具投资前景的 10 个东道经济体

（将各个经济体作为首选投资选址的受访对象比例）

资料来源：2012 年世界投资报告。

四、中国对外投资的现状和前景

（一）中国进入对外投资快速增长期

进入 21 世纪以来，我国对外投资快速增长。2002 年，我国对外投资

27 亿美元，对外投资存量 299 亿美元；2011 年，我国对外投资达到了 746.5 亿美元，存量已经达到了 4247.8 亿美元，见表 7。10 年间，我国对外投资流量增长了 26 倍多，存量增长了 13 倍多。截至 2011 年底，中国 13500 多家境内投资者在国（境）外设立对外直接投资企业（以下简称境外企业）1.8 万家，分布在全球 177 个国家（地区），对外直接投资累计净额（以下简称存量）4247.8 亿美元。年末境外企业资产总额近 2 万亿美元。2011 年中国对外直接投资流量名列按全球国家（地区）排名的第 6 位，存量位居第 13 位。

表 7　2002～2011 年我国对外直接投资额　单位：亿美元

年　份	流　量	存　量
2002	27	299
2003	28.5	332
2004	55	448
2005	122.6	572
2006	211.6	906.3
2007	265.1	1179.1
2008	559.1	1839.7
2009	565.3	2457.5
2010	688.1	3172.1
2011	746.5	4247.8

注：2002 年我国正式建立“对外直接投资统计制度”。

2002～2005 年数据是非金融类对外直接投资数据，2006～2011 年是全行业对外直接投资数据。由于 2002～2005 年我国金融类对外直接投资金额较少，因此，本表中的数据基本能够反映当时我国对外直接投资总体规模。

资料来源：中国对外投资统计公报。

（二）扩大对外投资是提升我国开放型经济水平的必由之路

中国企业扩大对外投资是国内经济发展和结构调整的必然要求，是进一步提升经济发展质量和国际竞争力的必由之路。中国经济经过 30 多年的快速增长后，面临着缓解资源环境压力、产业结构和技术水平升级、提高国际分工地位和竞争力等任务。扩大对外投资和培育中国的跨国公司，有助于中国企业提高跨国经营能力，获取境外技术、资源、人才、品牌、市场等生产经营要素，提高国际竞争力和开放型经济水平，更加均衡地融入全球经济体系。

（三）中国对外投资将继续快速增长，但面临一系列挑战

当前，中国企业已经具备了一定的跨国经营经验，国家外汇资金充裕，而世界经济尚未摆脱金融危机的阴影，资产价格较低，各国欢迎外商投资，也希望借中国的投资带动对中国市场出口。我国政府已经认识到对外投资对中国经济的重要性，正采取政策积极支持。中国企业扩大对外投资具备了较好的环境和条件，对外投资规模将继续快速增长。

虽然我国对外投资面临较好的时机，但是，也存在一定障碍，例如境外投资的政治风险和投资保护主义、针对中国的投资歧视、体制造成的决策风险、经验不足造成的商业风险等。

面对我国扩大对外投资的机遇和挑战，我国应该加快完善体制机制，加强政策支持力度，通过签订国际投资协定等方式加强国际协调，促进对外投资健康快速发展，提高对外投资的效率和效益。

五、发挥国际投资协定的作用，促进跨境投资发展

国际投资保护协定旨在保护和促进签约国之间相互投资活动，其内容主要涉及投资保护的范围、投资待遇、征收与补偿、货币汇兑和争端解决等与国际投资活动相关的事项。国际投资协定用法律文本的形式明

确了签约各方在跨境投资方面的权利义务，并承诺给予保护。国际投资保护协定，有助于稳定国际资本对东道国投资环境的预期，促进跨境投资流动。

截至2011年底，世界各国签订的国际投资协定累计3164项，其中2833项为双边投资协定，331项为“其他国际投资协定”，主要包括涵盖投资条款的自由贸易协定、经济伙伴关系协定和区域协定（不包括双重征税协定）。由于国际投资协定数量过多和协定间相互交叉的网络过于复杂，越来越多的国家正在倾向于商谈和签订区域性或者全球性的多边投资协定，例如中日韩投资协定、包含投资内容的跨太平洋战略经济伙伴关系协定、墨西哥—中美洲自由贸易协定、欧盟代表所有成员国进行投资协定谈判、联合国贸发会议正在推动的全球多边投资协定等。

虽然国际投资协定对促进和保护投资的作用及有效性受到了一定的质疑，但是目前来看，国际投资协定仍然是国家间保护跨境投资安全、促进投资的重要手段。目前，我国已经与130多个国家签订了双边投资保护协定，另有一些投资协定正在谈判之中，如中美投资协定等。

当前，我国对外投资的规模和范围正在迅速扩大，遇到的风险日益增加。尤其是我国大量投资集中于发展中国家和政治敏感性较强的资源性行业，面临的政治和政策变动风险、歧视性保护主义等问题更加严重。签订国际投资保护协定，对于保护我国海外投资权益、解决投资争端、避免遭到不公正待遇等，都能发挥积极作用。与此同时，随着我国比较优势的变化和外资政策的调整，外商投资于我国的产业重点和投资目的正在发生变化，与之相伴的是对投资待遇和投资权益保护等也有了新的要求。为适应新的投资形势，一些国家要求与我国签订投资保护协定，或者修订原有的双边投资协定，增加新的内容，以更好地保护双方权益，实现对等开放，有些还提出了希望获得准入前国民待遇的要求。

为此，我国应该加强双边和多边国际投资协定的商签工作，依据对等原则，与签约国相互保护跨境投资，促进跨境投资稳定发展，为经济结构调整和经济长期增长创造条件。对于外方提出的准入前国民待遇的要求，目前我国不宜立刻满足，可以在某些行业试行分阶段实现。

许宏强

许宏强，国务院发展研究中心对外经济研究部研究室主任，研究员。

专题五

国际金融环境的变化趋势与影响

国际金融环境是国际经济环境的重要组成部分，是各国经济社会发展的重要影响因素。未来五年，受发达经济体债务危机、全球性宽松货币政策、国际金融监管制度改革以及各国经济实力变化等因素影响，国际金融环境仍将“动荡不定”。这主要表现为危机短期内难以彻底解决，大宗商品价格难以预料，短期资本流动更加频繁，国际主要货币币值有竞相贬值之虞，国际货币体系日益走向多元化，但是美元主导的国际货币体系不会发生颠覆性变化。

作为长期维持较高发展速度的世界第二大经济体，我国既是影响国际金融环境变化的一股重要力量，也是国际金融环境变化的重要作用对象。我国金融领域的改革开放与发展，必将提升我国在国际金融格局中的地位。这主要表现为：人民币在跨国交易中更广泛的使用，国家在国际金融治理改革中话语权的提升，以及我国金融市场在全球金融市场中重要性的逐步提高。由于全球性资金富裕，我国企业的外部融资环境将会明显改善，但是国家所面临的输入性通货膨胀压力、“热钱”冲击将加大。对此，我国既要继续推动金融领域的改革开放，又要进一步完善国内金融监管制度，密切跟踪大宗商品价格走势和国际“热钱”的流动情况；与此同时，应利用好海外融资渠道，积极推动国际金融治理的改革与合作，为我国转变经济发展方式服务。

一、未来五年影响国际金融环境变化的重大因素

国际金融环境未来五年的变化绕不开2008年国际金融危机的影响。为了应对金融危机，各国纷纷采取财政刺激政策和宽松货币政策，并积极推动国际金融监管制度改革。这些措施都将对国际金融环境产生重要而深远的影响。除此之外，各国经济实力的此消彼长对国际金融格局也正产生着不容忽视的影响。在本轮国际金融格局调整中，最大的变化来自于我国经济地位的提升。

（一）欧、美、日严重的财政债务问题

2008年由美国次贷危机引发的金融流动性危机，已经转化为欧美日等发达经济体内部日益严重的财政债务风险。对于不同的经济体，风险的表现方式有所区别。在欧洲，2009年末以来，希腊、葡萄牙、西班牙、爱尔兰、意大利等国接连爆出主权债务问题。这些国家的政府债务负担远远超出了其承受范围，使国家违约风险陡增。欧债危机因金融危机而起，但根源是制度问题。欧元区实行了货币一体化，但没有统一的财政政策，且劳动力未能真正实现区内自由流动。由于缺乏退出机制，危机处理极易陷入谈判困境。

美国的债务问题主要表现为债务上限约束与为经济复苏而采取的财政激励计划之间的矛盾。为了推动经济复苏，美国政府采取了一系列的财政刺激措施，包括减税，加大对医疗卫生、能源、教育、基础设施、

失业救济等领域的财政支出。这些措施使得美国的债务上限不断被突破，财政负担日益沉重。从2007年9月至2011年8月初，美国先后7次提高债务上限，其中最后一次分三个步骤完成（2011年8月2日，9月22日，2012年1月28日）。最新的债务上限规模为16.394万亿美元。到2012年12月24日美国债务已经达到16.299万亿，再一次接近上限。虽然美国财政部利用技术手段，将共和、民主两党必须就债务上限问题做出裁决的时间推迟到2013年2月底，但这并不能终止债务上限再一次被提升的命运。

日本债务问题由来已久。自20世纪80年代末经济泡沫破灭以来，日本的公共债务比率长期处于上升态势。到2011年初地震和海啸之前，日本公共债务相当于GDP的228%。IMF2012年10月份的报告显示：2012年日本政府债务总额将达到GDP的237%。日本之所以能够维持如此高的公共债务比率，主要源于两个方面：一是日本私人部门储蓄水平较高，且对购买政府债券具有极强的偏好；二是长期的低通货膨胀和利率水平，使得日本政府的举债成本低，且不用顾及恶性通货膨胀风险。

（二）全球性宽松货币政策

2008年危机爆发后，为挽救美国金融体系，美联储于当年11月启动了第一轮量化宽松政策（QE1），购买机构（房地美、房利美等）抵押贷款支持证券。到结束时，QE1共耗资1.725万亿美元，开启了全球宽松货币政策时代。之后，美国迫于经济复苏缓慢、失业率高企的压力，于2010年8月推出了第二轮量化宽松政策（QE2）。欧债危机爆发以后，其他国家也将低利率和（或）量化宽松作为刺激经济恢复增长的重要手段。2012年6月底开始，主要经济体的宽松货币政策密集出台。先是欧盟峰会允许救助基金在加强银行监管的基础上直接向银行注资，并直接购买国债。随后，英国央行于7月5日宣布将量化宽松政策扩容500亿英镑，总规模增至3750亿英镑（约合5850亿美元）。欧洲央行于同日宣布将主导利率从1%下调至0.75%。7月12日，韩国、巴西、日本央行也纷纷采取宽松政策。其中，韩国央行将基准利率下调了25个基点，至3%；巴西将指标利率下调了50个基点，至8%；日本将金融资产购买规模扩大至45万亿日元（约合5640亿美元）。日本央行10月30日和12月20日又分别扩大11万亿和10万亿日元的资产购买规模，同时维持0~0.1%超低利率水平不变。2013年1月，日本央行实施无限量宽松政策，自2014年起“不设期限”每月购入一定规模的金融资产。欧洲央行9月6日又推出了新的救市计划，即“直接货币交易”（Outright Monetary Transaction，OMT）方案。9月14日，美联储宣布实施第三轮量化宽松政策（QE3），以每月400亿美元的速度购买机构抵押贷款支持债券，同时将超低利率（0~0.25%）期限延长至2015年中期。这两项政策成为全球宽松货币时代的最新进展。12月12日美联储宣布从2013年1月起每月购买450亿美元长期美国国债，以代替12月底到期的“扭转操作”（OT）工具。

欧美日新一轮的宽松货币政策具有不同以往的特点：一是没有上限。在推出OMT时，欧洲央行明确表示对购入债券没有数量限制。美国QE3虽然规定了每个月购买机构抵押贷款支持债券的规模，但并未规定结束时间，这意味着总规模没有上限。日本央行购入金融资产也是无限量的。二是与经济发展状况挂钩。发达国家的货币政策通常与通货膨胀率挂钩。而此次，OMT与欧元区国家的举债成本挂钩，当受困国债务成本上升到一定程度后，该计划就会进入二级市场购买该国债券，以降低其债务成本。QE3的推出，则是美联储第一次将救助计划与经济发展目标——失业率和经济复苏联系起来。日本央行在货币政策中引入了2%的通胀目标。三是呈现出长期化趋势。深受债务危机困扰的希腊、西班牙、意大利等国，即便可以借助 OMT 降低债务成本，但短期内仍无法找到支持其经济增长的足够动力，依然需要不停地借新债还旧债，OMT 在这种情况下注定会持续较长时间。虽然美联储自己的报告显示，量化宽松政策作用巨大：支持经济产出提高了 3 个百分点，创造了 200 多万个就业岗位。但从 QE1 和 QE2 之后美国经济和就业的实际表现来看，量化宽松对美国经济复苏和增加就业的作用也许并不如美联储分析得那么乐观。这意味着 QE3 将持续很长一段时间。日本经济已经实行了长达十余当年的宽松政策，仍深受通货紧缩的困扰，2% 的通胀目标难以短期内实现。

（三）国际金融监管制度改革

此次金融危机充分暴露了发达经济体以及国际层面在金融监管上的漏洞和缺陷。为避免重蹈覆辙，欧美等发达经济体积极推动本经济体内部的金融监管体制改革。2010 年 7 月，美国政府正式通过了《华尔街改革和消费者保护法》。该法案主要包括七项改革措施：一是建立消费者金融保护局（CFPB），保护美国金融消费者的利益。二是建立金融稳定监督委员会（FSOC），以有效识别和防范系统性金融风险。三是为了防止金融机构“大而不能倒”，将所有具有系统重要性的金融机构纳入到美联储的监管框架中；给予联邦存款保险公司（FDIC）破产清算的权力；通过“沃尔克法则”对金融机构规模和业务范围进行限制。四是改革金融机构高管薪酬及企业治理结构。五是提高投资顾问、金融经纪人和评级公司的透明度和可靠性，以保护投资者利益。六是加强对场外交易的衍生产品的监管。七是加强对对冲基金和私募基金的监管。2010 年 9 月，欧盟成员国财政部长通过了泛欧金融监管改革法案，积极推动监管体制的一体化。在新的监管框架下，拟建立 4 个机构，其中 3 个在微观层面上分别负责对银行业、保险业和金融交易活动的监管；1 个在宏观层面上，负责监管欧洲金融市场。另外，2012 年 12 月 13 日欧盟财长会议最终就欧盟银行业统一监管主体达成协议。欧洲央行获得授权，负责监管至少 200 家欧元区的大银行，并在危机发生时可以对小银行进行干预。2010 年 6 月，英国政府提出了金融监管改革方案，拟于两年后拆分金融监管局（FSA），将 FSA 的监管职责归还英格兰银行。英国政府拟建立 3 个金融监管机构：英格兰银行的金融政策委员会（FPC），负责金融稳定；英格兰银行的审慎监管局（PRA），负责对金融机构的日常监管；消费者保护和市场管理局（CPMA），负责保护消费者利益。

与此同时，20 国集团、巴塞尔银行监管委员会也在国际层面努力建设金融监管新框架。2009 年 4 月 2 日召开的 G20 伦敦峰会明确提出：重新构建监管架构识别和应对宏观审慎风险；扩大金融监管范围，将系统重要性金融机构（SIFIs）、市场和工具纳入审慎监管范围；改进金融机构的薪酬机制；提高金融体系资本质量和数量，遏制杠杆率累积；改革国际会计规则，建立高质量的金融工具估值和准备金计提标准等。基于本轮金融危机的教训，巴塞尔委员会对现行银行监管国际规则进行了重大改革，2009 年中以来发布了一系列国际银行业监管新标准，统称为“第三版巴塞尔协议”（“Basel Ⅲ”）。“Basel Ⅲ”强化资本充足率监管标准，引入杠杆率监管标准，建立流动性风险量化监管标准，并强化风险管理实践。

（四）国家间经济实力的变化

各经济体在国际金融格局，尤其是国际货币体系中的地位根本上是由其经济实力决定的。在由中心国家、核心外围和外围经济体三个层级构成[①]

---

① 笔者之前的研究认为可根据对国际货币体系影响力的强弱将成员国国分为三个层级：中心国家、核心外围和外围经济体。其中，中心国家对国际货币体系拥有决定性的影响力，决定着国际货币体系的走向。

的国际货币体系中，中心国家的国家实力强大，其货币是主要储备货币，其汇率制度被核心外围国家跟随，如金本位时的英国和金汇兑本位之后的美国。核心外围经济体的实力很强，货币也是国际储备货币之一，汇率制度与中心国家保持一致，如金本位时的法国、德国、俄罗斯和当前的欧盟。这些经济体拥有不容忽视的影响力。外围国家的经济实力不强，是国际货币体系规则的接受者，对国家货币体系的影响很小，如众多发展中国家。这三个层级之间的界限不是一成不变的。随着经济全球化的深化，越来越多的经济体进入到国际货币体系当中。在金本位之下，国际货币体系在全球的覆盖范围大大小于现在。而随着国家实力的提升和国际形势的变化，外围经济体中也存在成为核心外围的可能，如新兴经济体近年来对国际货币体系的影响力在不断提高。

因为保持了30余年的高速增长，我国对国际货币体系的影响力正在扩大。我国在国际货币体系这个机体中正在从外围向核心外围转变。作为国际货币体系的一分子和最大的发展中国家，我国的这种转变本身就意味着一种进步，势必为国际货币体系的未来发展注入新的元素。我国关于金融改革开放的任何举措，都将深刻影响国际金融格局的长远变化。

二、未来国际金融环境的主要变化趋势

当前金融危机已转化为主要发达经济体的债务危机。在经济复苏放缓的情况下，危机的彻底解决将变得越来越困难，难以在短期内实现。另一方面，全球性宽松货币政策不断向市场注入流动性，这将带来极大的不确定性和不稳定性。市场上充裕的资金总要找地方落脚，不是冲向商品市场，就是冲向资本市场，或者二者皆有。大宗商品价格将更加难以

捉摸，短期资金跨境流动将更加活跃，汇率波动将更加频繁。正如美国经济学家明斯基所坚持的，在我们这种倾向于投机繁荣的经济中，有着内在的和本质的不稳定性。“动荡不定”将是国际金融环境未来5年的主要特征。尽管如此，国际金融环境的未来并非没有亮点。在国际货币体系不会出现颠覆性转变的前提下，国际金融监管和治理的改革将进一步推进。

（一）金融危机彻底解决尚需时日

就金融危机本身而言，当初因次贷危机引起的流动性危机已经过去。但这并不意味着危机已经结束。不管是发达国家的宽松财政货币政策，还是国际范围内的金融监管体系改革，均在一定程度上缓解了金融危机对世界经济的危害，但由此引发的发达经济体财政债务风险难以在短期内得到彻底解决。美国2012年下半年的“财政悬崖”问题充分显示出发达国家在解决危机方面的两难境地：要刺激经济复苏，必须承受债务负担加重的风险；否则，将遭受经济下滑的恶果。虽然欧美日也意识到了债务风险对经济长期发展的危害，但从当前政策看，发达经济体显然选择了以更加沉重的债务负担来换取经济复苏。如何解决好债务问题将成为未来5年困扰发达经济体的共同难题。

当前在欧美日的公共债务风险中，欧债危机的破坏性最强，不但拖累了2012年世界经济复苏的步伐，还将是2013年世界经济复苏的最大不利因素。而且，由于其根源在于制度缺陷，解决起来也较为困难。制度问题得到彻底解决需要欧元区以及欧盟成员国在艰苦谈判中共同努力，预计时间不会少于3~5年。期间，如果高失业率一直持续，债务危机极有可能转化为社会危机。

日本的公共债务率是全球最高的，潜在风险巨大。由于日本公共债务90%以上由国内投资者所有，一旦日本国内私人部门无法支撑继续增加的债务负担，而国外又寻找不到新的支撑力量，债务危机将对日本经济造成毁灭性打击。

美国债务上限虽然不断被突破，但相对于欧盟、日本，美国的债务问题更多地表现为两党的政治博弈。无论共和党和民主党在政见上如何不同，在维护美国国家利益上却高度一致，这就决定了美国债务问题不会陷入真正崩溃的境地。对于外国投资者而言，最大的风险来自于所持美国债权存量因美国量化宽松政策而不断贬值。

（二）大宗商品价格走势难以预料

理论上，宽松货币政策意味着市场上流动性的增加，虽然在短期内会促进经济增长，但长期来看将推动物价上涨，形成通货膨胀压力。由于美元、欧元的国际货币地位，美、欧的宽松货币政策推动全球价格水平的提升。从图 1 可以看出，在美国推出第一、第二次宽松货币政策的 3～5 个月后，初级产品价格指数迅速提高。

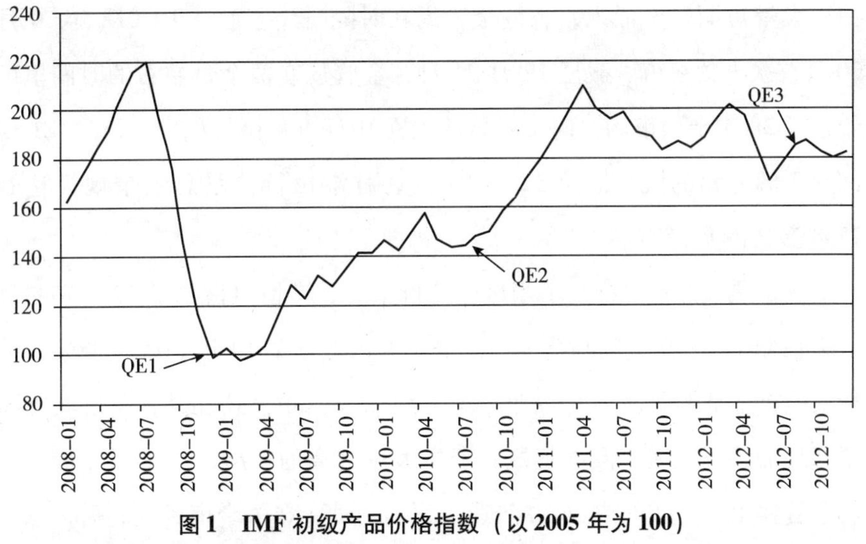

图 1　IMF 初级产品价格指数（以 2005 年为 100）

数据来源：WIND 资讯。

由于当前的货币宽松政策不再限于美国等少数经济体，呈现出普遍性，再考虑到欧洲央行的 OMT 计划和美联储 QE3 的无上限和长期性特征，全球性通货膨胀风险陡增。但是，大宗商品价格是否会如前一样大幅上涨，还要视大宗商品市场的供求关系而定。受发达经济体复苏放缓的拖累，2012 年新兴经济体的经济增速均低于此前预期。2013 年需求如果继续疲软，大宗商品价格上升的支撑力量将相应减弱。从目前对 2013 年全球经济走势的种种预测来看，全球对大宗商品的需求有望回暖。大宗商品价格仍有可能处于高位。即便不再处于高位，由于全球流动性在今后较长时期内处于过剩状态，未来 3 ~5 年大宗商品价格的震荡将更加频繁，幅度也只会大不会小。

（三）资金短期跨境流动将异常活跃

随着新一轮宽松货币政策的集中出台，近期大量热钱涌入新兴经济体，其中亚洲成为首选地。中国香港在本轮热钱冲击中尤其值得关注。由于大量短期资金涌入，香港金管局在时隔三年多后，于 2012 年 10 月 20 日首次干预汇市。截至 12 月 21 日，金管局在两个月左右的时间里已经连续 28 次干预市场，向市场累计注资 1071.93 亿港元，超过了 QE1 期间 992 亿港元的规模。至 12 月 27 日，香港银行体系总结余规模达到 2558.5 亿港元。

大量热钱的涌入推高了当地资产价格。香港恒生指数于 2012 年 9 月 6 日止跌回升，并呈现持续上涨态势；泰国股市 2012 年上涨约 28%；菲律宾股市上涨约 24%；印度股市上涨约 23%。虽然这在某种程度上支撑了当地的经济发展，但也蕴藏着资本大量逃离的风险，对其国际资本流动监管提出了严峻的挑战。“热钱”逐利而动，在一个市场获利后，总是不断寻找下一个目标。由于发达经济体向国际市场注入流动性的举动远未结束，资本短期跨国流动将异常活跃。

表 1　　美国三轮量化宽松政策及对香港的影响

	QE1	QE2	QE3*
启动时间	2008 年 11 月 25 日	2010 年 11 月 03 日	2012 年 9 月 14 日
规模	17250 万亿美元	6000 亿美元	400 亿美元/月；850 亿美元/月（自 2012 年 12 月 12 日起）
同期香港金管局汇市干预情况	截至 2009 年 3 月 10 日，累计注资 992.03 亿港元	无干预	截至 2012 年 12 月 21 日，累计注资 1071.93 亿港元

注：* 2012 年 12 月 12 日，美联储宣布 QE4，每月购买 450 亿美元国债，替代扭曲操作（operation twist）。由于 QE4 与 QE3 在时间上接近，且均未设置期限，可以将其视为 QE3 的扩容。

资料来源：根据有关数据整理。

（四）主要经济体货币易陷入竞相贬值的境地

为了恢复经济、走出危机，没有哪一个经济体愿意在此时维持本国货币强势。货币贬值可以在短期内提高出口的价格竞争力，有利于改善国际收支状况，促进国内经济复苏。宽松货币政策是推动货币贬值的有力武器。2012 年 9 月，美元实际汇率指数开始下降，12 月对主要货币的实际汇率指数已降至 82.55；日元实际有效汇率也开始由 100 以上下降到 12 月的 93，日本政府更希望未来几年日元继续贬值，以推动日本经济走出通货紧缩的泥沼。

与此相对照，2012 年俄罗斯卢布实际有效汇率上升了 5.7%；巴西雷亚尔实际有效汇率上升了 13.4%。为了避免政策套利，也为了保持本国商品的国际竞争力，新兴经济体在发达经济体实施宽松货币政策后，也“被宽松”地增加了本国货币的供应。于是，发达经济体希望本国货币贬值、新兴经济体维持本国货币币值的努力，极易使大家陷入竞相贬值的境地。这必然导致外汇市场汇率的剧烈波动。

（五）国际货币体系颠覆性调整可能性不大

布雷顿森林体系瓦解后，国际货币体系进入了不断改革的阶段。当前的体系虽然具有“无体系”特征，但美元作为国际货币的中心地位是毋庸置疑的。此次金融危机由国际货币体系的中心国家——美国首先爆发，对全球经济造成巨大冲击。波及面之广，前所未有。这诱发了国际社会对国际货币体系改革的强烈要求。IMF 提出要建立一个稳定的国际货币体系，并成立了改革国际货币体系（Reforming International Monetary System）网站，内容包括全球失衡、资本流动、全球储备体系、全球金融安全网络和救助及政策协调。

毫无疑问，未来我们需要这样一个货币体系：既能满足国际交易的支付需求，又能避免和有效化解金融危机；既能保持全球化势头，又能获得全球平衡。但是这种改革并不会颠覆美元的中心货币地位。在可预期的时间内，还没有哪个国家能够拥有比美国更强大的吸纳国际商品、资金、人才的能力，以及更强大的军事实力。中国也不例外，即便如预期那样，中国国内生产总值在未来 20 年的某一个时点上超过美国，成为第一大经济体。因为一国货币取代另一种货币成为中心货币，不但需要实力，还需要时机和必要的支持。其中，国家实力只是必要条件，而非充分条件。而且国家实力也不仅仅包括经济实力，还包括外交实力、政治势力和军事实力。另外，因为存在网络外部性，一国货币一旦取得了国际货币体系中心位置，就很难被取代。美元取代英镑是在美国经济总量超过英国的半个多世纪之后。二战打乱了已有的货币秩序，给美国带来了难得的时机。而且战后各国的经济恢复仰仗美国的支援，支持美国主导的国际货币体系理所当然。

对于国际货币体系的众多外围国家而言，短期内最为现实的选择是继续推动储备货币的多元化，与此同时加强 SDR 的作用。这样的方案更容易让美国接受，并且获得进展。长期而言，可探讨建立超主权储备货币的可能性。

三、国际金融环境变化对中国的影响

未来，我国既是影响国际金融环境的重要力量，也深受国际金融环境变化的影响。国际金融环境变化对我国的影响既有机遇，如企业的海外融资环境向好，我国在国际金融格局中拥有继续提升的空间，也有挑战，如输入性通胀压力加大，可能成为“热钱”冲击的重点目标。挑战如果应对得当，也会成为机遇。

（一）我国企业的海外融资环境向好

国际金融环境变化的影响是深刻的，且不仅仅局限在金融领域。由于发达经济体的债务危机难以短期内解决，国际商品市场便难以迅速好转，我国出口企业仍将面临不小的压力。但是企业的外部融资环境却极有可能得到改善，原因主要在于两个方面：一是宽松货币政策环境下，外部资金充裕，企业的海外融资成本低；二是虽然有些企业曾因不熟悉规则或个别国家的有意打压，在境外资本市场受挫，但未来中国元素仍将使我国企业成为国际资本投资的优质客户。

（二）输入性通胀压力加大

全球通货膨胀的压力虽然主要由美、欧的宽松货币政策带来，但却要由包括新兴经济体在内的发展中国家来承受。从图 2 可以看出，美国的居民消费价格指数（CPI）变动幅度远远小于金砖5国。即便在实施了量化宽松之后，情况也是如此。正是由于国内较低的CPI水平，且量化宽松并没有明显增加其国内的通货膨胀压力，美国才能有恃无恐地推出一轮又一轮的量化宽松政策。从德国、法国、英国目前较低的通货膨胀率来看，欧央行同样也无需过多地考虑宽松货币政策对内部通货膨胀的负面影响。

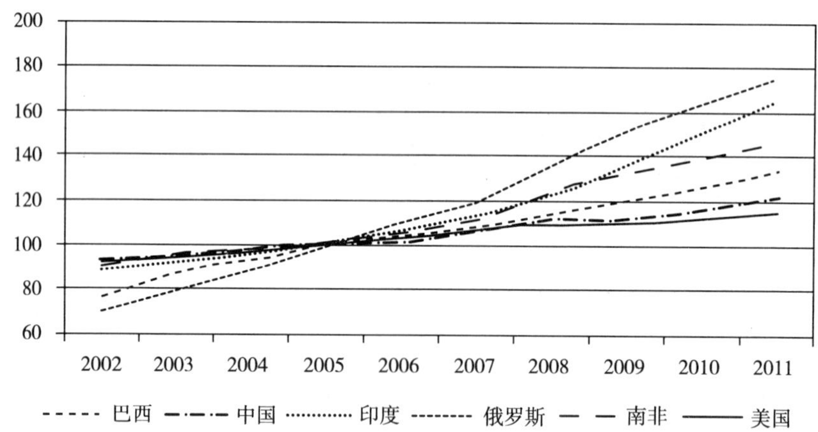

图2　美国与主要新兴经济体CPI对比（以2005年为100）

数据来源：世界银行。

我国目前经济发展放缓，如果发生输入性通货膨胀，将对我国出口竞争力产生负面影响，从而打击国内经济的稳定发展，压缩我国宏观经济政策空间。以往的研究表明①，由于我国对外贸易额在世界商品进出口中的占比为10.5%（2011年），且短期资本项目仍存在较为严格的管制，我国与全球价格之间的链接主要是通过贸易渠道来实现。从数据分析结果来看，全球商品价格虽然对我国整体价格走势的影响并不显著，但对

① 张丽平执笔，《中国与全球价格变动的关系》，国务院发展研究中心调研报告，2012年第163期。

出口价格有明显的影响。因此，一旦外部大宗商品价格上涨，我国出口的价格竞争力便会弱化。

（三）我国可能成为“热钱”冲击的重点目标

虽然从国内结售汇数据尚看不出“热钱”大量涌入我国的迹象，但由于香港通常被认为是国际“热钱”进入大陆市场的跳板，从大量热钱流入香港来看，国际“热钱”对中国市场热度不低。以往的教训表明，“热钱”往往倾向于从冲击那些国内经济快速发展但有薄弱环节的经济体中获益。未来我国仍将致力于维持经济的稳定发展，且经济发展方式的转变正处于关键时期。在这一过程中难免会暴露出一些薄弱之处。这些极有可能成为“热钱”将我国作为重点冲击目标的诱发因素。

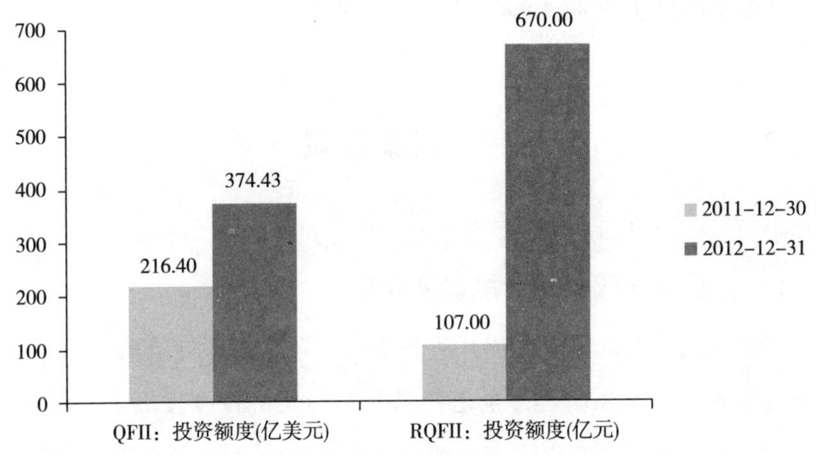

图3　我国 QFII、RQFII 投资额度状况

数据来源：wind 资讯。

而且，随着我国资本项目开放的稳步推进，“热钱”进入国内市场的渠道也将随之拓宽。目前，合格的境外机构投资者（QFII）和人民币合格境外投资者（RQFII）是境外短期资金进入国内的两大合法渠道。2012

年这两大渠道的规模均大幅提高。截至 2012 年底，QFII 的投资额度达到 374.43 亿美元，RQFII 的投资额度达到 670 亿元人民币，较 2011 年底分别增加了近 160 亿美元和 570 亿元人民币。

（四）我国在国际金融格局中的地位加速提升

目前，我国正在致力于“深化金融体制改革，健全促进宏观经济稳定、支持实体经济发展的现代金融体系，发展多层次资本市场，稳步推进利率和汇率市场化改革，逐步实现人民币资本项目可兑换。加强发展民营金融机构。完善金融监管，推进金融创新，维护金融稳定[①]”。这些改革措施不仅能够使金融业更好地服务国内经济发展需要，而且将进一步提高我国金融机构的国际竞争力，并提升人民币的国际地位，从而推动国际金融多极化和金融全球化的深入发展。

四、对策建议

（一）坚定不移推进金融改革开放

金融领域是未来我国改革开放的重点。金融改革开放既是我国转变经济发展方式的重要内容，也是新时期推动经济持续发展的主要动力，不应因外部金融环境变化所带来的挑战而停步。金融改革开放的重点既包括继续推动金融领域的市场化和商业化改革，如提高利率市场化水平，完善更有弹性的汇率制度，推进金融机构的商业化等；又包括大幅扩大

---

① 《坚定不移沿着中国特色社会主义道路前进，为全面建成小康社会而奋斗——在中国共产党第十八次全国代表大会上的报告》，http://www.xj.xinhuanet.com/2012-11/19/c_113722546.htm。

金融领域的对内对外开放，如降低金融行业的准入门槛，建立有利于金融创新的制度环境，持续提升资本项目的开放水平等。

（二）加强金融领域对内对外监督水平

金融领域的改革开放需要以高水平监管作为成功的前提。美国次贷危机显示，缺乏适度监管的金融创新是有害的。未来，我国金融改革必须放在全球金融发展的大背景中加以综合考虑。加强金融监管改革是未来全球金融领域的一大趋势。当前的国际金融监管改革在以下四个方面存在明显的趋同性：一是限制大型金融机构的冒险行为，切实保护消费者权益；二是解决“大而不能倒”问题，防止系统性金融风险；三是提高金融机构的流动性；四是加强中央银行在监管中的作用。在这种情况下，我国在推动上述金融领域改革开放过程中，也必须注重对大型金融机构的监管，加强对金融消费者的保护。此外，密切监控跨境资本流动与汇率变动情况。在出口乏力的形势下，要防止人民币实际有效汇率被动大幅升值，需要视情况调整对外汇市场的干预管理力度。

（三）利用好海外融资渠道

在金融全球化的环境中，即便是资金最充裕的国家，也需要将综合运用境内外资金作为提升效率的重要手段。当前，不但那些“走出去”的企业需要利用好海外融资来进一步扩大境外直接投资规模，尚未“走出去”的企业也可通过海外 IPO、引入境外战略合作伙伴等手段提高对海外融资的使用。有关部门可通过提供海外融资信息、加强国际金融规则方面的教育培训等方式，帮助企业提升综合运用境内外资金的能力。

（四）密切关注大宗商品的价格走势

首先，要防止输入性通货膨胀对国内经济的冲击。国内在扩大进口平衡国际收支的同时，可以利用国家战略物资储备调节机制、国内价格稳定机制等手段降低输入性通货膨胀的负面影响。

其次，要积极推动国际社会加强合作，共同应对全球性通货膨胀对发展中经济体的冲击。针对欧美长期化、大规模宽松货币政策对全球大宗商品价格稳定的负面影响，国际社会应加强合作，共同应对。尤其是考虑到全球性通货膨胀对发展中经济体的冲击大于发达经济体，在合作中应呼吁发达经济体在稳定全球物价水平方面承担更多责任。

（五）积极推动加强国际货币体系改革方面的国际合作

虽然国际货币体系由中心国家主导，但广泛的国际协作必不可少。我国可利用对国际货币体系影响力的提升，积极推动国际货币体系改革在以下三个方面的国际合作：一是支持国际货币向以美元为主的多元化方向发展。国际货币体系在很长一段时间内仍会以美元为主，但国际货币多元化的趋势也会越来越明显。我国可按“相机抉择”原则，稳步推动人民币走向国际。人民币成为国际货币既是这一趋势的主要内容，也是我国积极参与更加稳定的国际货币体系建设的主动选择。二是在保持稳定的前提下，支持汇率的有序变动。保持汇率稳定符合绝大多数国家的利益，但需要国际社会共同努力，进一步完善对国际游资的有效监管。三是支持“集体保险”制度的进一步完善，降低“自我保险”规模。国际社会的持续发展需要加强对金融风险的“集体保险”。对于包括我国在内的新兴经济体而言，这种需求尤为强烈。一方面，在当前的外汇储备规模下，新兴经济体保有巨额外汇储备的机会成本越来越高；另一方面，发达经济体出于“自我保险”需要而采取的贸易保护主义，越来越成为阻碍全球化和新兴经济体持续发展的障碍。建立健全有效的“集体保险”制度应成为我国积极参与国际货币体系建设的重要内容之一。

张丽平

张丽平，国务院发展研究中心金融所副所长，研究员。

专题六

全球技术创新现状、趋势及对中国的影响

技术创新是经济增长的重要驱动力量。自18世纪英国工业革命以来，人类经历了机器生产、蒸汽机、铁路、电力、汽车、信息技术等为标志的技术革命，推动了全球经济的不断增长，并给人类生产生活带来了深刻的革命性变化。未来5~10年，全球技术创新将呈现哪些趋势和特征？对全球经济增长和竞争格局以及我国产生何种影响？这都需要我们准确判断，未雨绸缪，科学应对，以更好地实现自身发展、提升我国在全球经济增长中的地位和发展主动权。

一、全球正处于信息技术深度应用和新一轮技术革命孕育阶段

国际金融危机爆发以来，面对经济增长下行、竞争格局调整、实体经济萎缩、气候变化等问题，各国普遍认识到这不是一次普通的金融危机，而是一次经济结构性危机，必须进行经济发展方式和产业结构的大

调整。“第三次工业革命”理论的兴起正是这一时代背景的产物。“第三次工业革命”倡导互联网、新能源技术的结合以及数字化制造，契合了人类面临的挑战和实际问题，引发了国内外的较大关注。尽管“第三次工业革命”理论存在争议，但为我们从历史经验的角度看待全球技术创新和经济增长提供了重要启示。

（一）全球正处于信息技术革命深化和新一轮技术革命孕育期

历史经验表明，过去两个多世纪，全球技术创新与经济增长之间基本上存在这样的规律：大致以 50 ~ 60 年为一个周期，在每个周期的前 20 ~ 30 年，具有基础意义的新科学范式、新技术门类得以确立，推动产生一个或几个新兴产业，领先于其他产业的发展，造成局部的投资过度和产能过剩，开始形成经济泡沫，泡沫积累到一定程度破灭，全球经济陷入危机和衰退，促使全球治理格局发生深刻变化，来逐步适应技术创新带来的新经济模式。在后 20 ~ 30 年，新技术的发展势头稳定下来，并被各个产业充分吸纳运用，使得经济全面繁荣，催生大量新发明、新技术，孕育下一个周期的技术革命。

在过去 200 多年的时间里，全球经历了 5 次技术革命。第一次是 18 世纪中叶起，机器厂房代替了手工作坊，以纺织业中机器的发明和应用为重要标志。第二次是 19 世纪初，全球进入蒸汽、钢铁和铁路的时代，以蒸汽机的发明和利用为重要标志。第三次是从 19 世纪 70 年代起，世界进入电气及重工业时代，电力和电器、重型机械、化工业兴起。第四次是 20 世纪初期，当福特 T 型汽车出现之后，全球进入到汽车、石油、石油化工以及大规模生产的时代，以内燃机及其应用的发展为重要标志。目前，我们处在第五次技术革命时期，它始于 1971 年，当时英特尔推出微处理器，标志着信息技术革命时代的来临。以信息及通信技术为重要标志的技术革命经过了20~30年的发展，在2000年互联网泡沫破灭和2008年国际金融危机后，进入广泛和深度应用阶段，催生了大量新技术、新产业，同时，也将孕育新一轮技术革命。

表1　　全球技术创新与经济发展

技术革命标志	前20~30年形成的新兴产业	危机	后20~30年孕育的新技术
机器工业（18世纪后期起）	纺织业	18世纪末期经济危机	蒸汽机
蒸汽动力（19世纪20年代起）	采矿冶金、机械制造	1847年经济危机	电力
电气及重型机械（19世纪70年代起）	电力和电器、重型机械、化工业	19世纪末期经济危机	内燃机
福特式大规模生产（20世纪初开始）	飞机和汽车制造业、家电电器制造业	20世纪30年代大萧条	计算机
信息及通信技术（20世纪70年代之后）	信息技术产品制造业、互联网产业	2008年金融危机	生物、新材料、新能源技术或新生物革命

资料来源：根据佩蕾斯等学者“长波理论”观点和中科院“创新2050”整理。

这里需要说明的是，国际金融危机后，信息技术的深度应用和由此带来的新的经济模式形成尚有一个过程，短期内对经济增长的拉动作用可能有限。同时，关于新一轮技术革命在哪些领域、何时发生也还有很大的不确定性，目前的判断是，未来二三十年间，全球可能会进入生物技术、新能源技术、纳米技术以及新材料技术的革命时代。有的判断则认为，新一轮技术革命是新生物革命。

（二）国际金融危机后全球技术创新趋于活跃

为克服金融危机的冲击、实现经济复苏和经济持续增长，各国政府、产业界加大了技术创新的支持力度，推动了全球技术创新活动在经历短暂回落后，很快实现了逆势上扬。2011 年，全球专利申请总数为 214 万件，较 2010 年增长 7.8%，连续第二年高于 7%。2011 年，全球研发投入相比 2010 年增长 6.5%，快于 2010 年 4% 的增幅，而 2009 年全球研发投入较 2008 年下降了 0.83%。从全球企业研发投入和国际专利授权增长情况看，2009 年也都跌到谷底，随后出现反弹，其中，国际专利授权数达到了近 10 年来的高点。

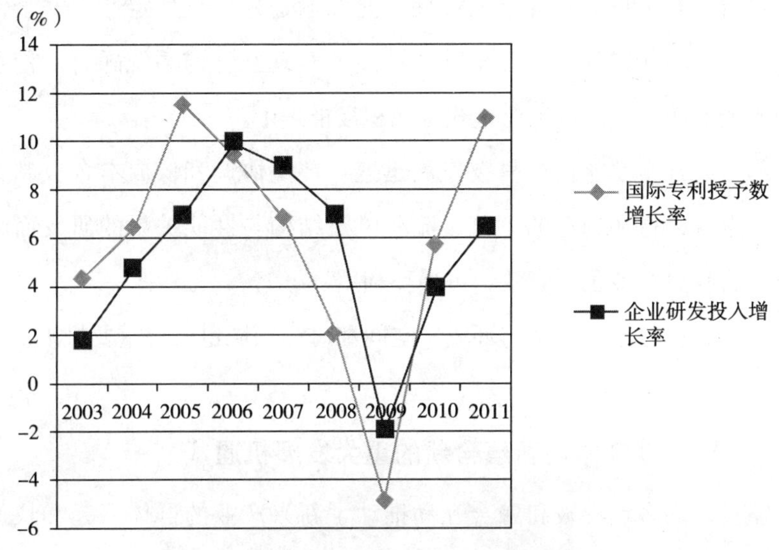

图 1　2010 年以来全球技术创新渐趋活跃

资料来源：WIPO 及相关资料整理。

从具体领域看，大数据浪潮、信息技术和制造业融合正在发展之中，能源、材料、生物等领域也正在酝酿不少有重要潜力的新技术。

信息技术进入一个新的发展时期，云计算、大数据、虚拟现实、移动互联网、物联网等技术突破，给信息技术应用模式带来一场深刻变革。3D 打印、智能机器人、人工智能等智能制造技术取得积极进展。近年来，数字通信领域专利申请全球增幅最快，计算机技术是专利申请最多的领域。2012 年初，美国物理学家马克·米尔斯和美国西北大学教授朱利欧·奥蒂诺在《华尔街日报》发表评论员文章，称电话和电技术改变了上世纪，大数据、智能制造和无线革命三大变革将改变本世纪。

生物医药技术可望取得新的突破。人类基因组及其在生命过程中的功能调控，特别是细胞命运调控机制等基本问题面临重大理论创新。传统医学模式正在发生深刻变化，健康医学将迎来全新发展机遇。

页岩气开采技术取得重大进展。能源输送效率、稳定性、安全性和智能化技术不断得到提升。多种能源逐步实现互补与系统融合。信息技术与新能源相结合的新工业模式正在积极推进中。

材料设计与性能预测科技发展迅速，环境协调和低成本合成制备技术受到重视，材料制造的工艺、流程以及结构与性能关系的研发面临新突破，材料更加绿色、高效、可循环利用。

此外，在农业、生态与环境、空间和海洋领域也取得重要进展。

（三）全球技术创新蕴含新的重大发展机遇

新技术的多点突破和融合互动推动了新兴产业的群体兴起和快速发展，尤其是在新一轮技术革命的孕育阶段，直接关乎未来领导权的问题，蕴含着新的重大发展机遇。

信息技术持续创新和深度应用将引发新一轮信息产业快速发展，并催生许多新模式、新业态、新产业。弗雷斯特研究机构预计，到 2020 年全球云计算市场价值将达 2410 亿美元，是目前的 6 倍。据麦肯锡报道，大数据为美国的医疗服务业每年节省 3000 亿美元，为欧洲的公共部门管理每年节省 2500 亿欧元，为全球个人位置数据服务提供商贡献 1000 亿美元。中国物联网研究发展中心预测，未来五年全球物联网产业市场年均增长将为 25%，2015 年规模将达到 3500 亿美元。美国国家情报委员会预测，到 2030 年，3D 打印有可能改变全球的工作模式。

页岩气开采的经济效益开始显现。美国率先发明并运用水平钻井、水力压裂技术，大规模开采页岩气，改善了美国乃至全球的能源结构，减缓了能源价格上涨。页岩气开采还带动了一批中小型生产服务企业的发展，为美国发展实体经济、解决就业问题作出了重要贡献。美国页岩气的成功开发有可能成为全球页岩油气开发的“引擎”，驱动能源产业出现一场变革。

现代生物技术步入产业化加速发展阶段，以基因工程、干细胞、生物育种等为标志的生物产业技术体系正在形成。据经济合作与发展组织预测，到 2030 年，生物技术对化工和其他工业产品领域的贡献将占到 35%，对药品和诊断产品领域的贡献将达到 80%，对农业领域的贡献将达到 50%。

新能源、节能环保产业处于高速成长期。2010 年全球环保产业市场规模已经达到 7760 亿美元。新能源汽车产业虽然处于起步阶段，但已被视为未来发展方向。2010 年德勤公司发布的调查报告发现，全球已有近 440 亿美元的政府资金投向新能源汽车开发和应用。

新材料和高端装备制造产业蓬勃发展。据美国国家科学技术理事会纳米分会预测，未来 10 ~ 15 年全球纳米相关产品市场将超过 1.3 万亿美元。美国航天基金会的报告表明，2010 年全球航天经济总产值为 2765 亿美元，自 2005 年以来年均增长率为 9%。

创新竞赛就是争夺机遇的竞赛。历史经验表明，谁抓住了机遇，谁就能持续保持领先或后来居上；谁丧失了机遇，谁就会被甩在后面，甚至差距被越拉越大。面对全球技术创新蕴含的新的重大发展机遇，我们必须做好准备和孵化工作，努力在全球新的技术创新中取得发展先机。

二、国际技术竞争空前激烈，中国有望与发达国家进一步缩小差距

（一）各国技术竞争日趋激烈

在新一轮发展面前，发达国家为保持其科技与经济的领先地位，新兴国家为后来居上，都纷纷把科技创新作为国家发展战略的核心，努力抢占未来科技和产业制高点。

美国政府2009、2011年两度发布《创新战略》，明确要加大对人力资源、科学研究和基础设施等创新要素的投资，发挥创新潜力，带动经济增长和繁荣，力图在新能源、无线网络、先进车辆、医疗卫生信息技术、基础科学和航天等领域取得突破。近期又将节能环保、智慧地球、大数据、新材料、先进制造业作为科技创新的主攻方向。

英国政府发布《技术蓝图》报告，明确提出英国要努力成为世界上最具吸引力的创新科技投资之地；大力推动低碳经济、数字通信、高速交通系统和科学基础研究方面的科技基础设施建设；重点支持先进制造、医疗保健及生命科学、数字和创意产业等科技产业发展，推进经济结构调整；出台了英国空间技术、海洋产业增长等发展战略。

德国在发展高端制造产业的同时，注重推动制造业信息化的发展。大力发展风能、生物能等可再生能源和各类节能环保技术，计划到2050年新能源发电占到总发电量的80%。出台了《纳米技术2015行动计划》、“生物经济2030国家研究战略”、《可再生能源法》等一系列科技计划。实施宽带发展战略，计划到2018年德国每个家庭都可使用50Mbps以上宽带。

日本坚持科技立国和信息技术立国的策略，实施应对资源匮乏、人口老龄化和经济停滞危机的新增长战略，重点培育环保、能源、健康、旅游、信息技术等领域。围绕“绿色创新”和“生活创新”主题，加大技术创新力度。

韩国公布2020年产业技术创新战略思路，提出要实现从“快速跟踪”战略到“领跑者”战略的转变。出台了绿色经济增长战略；制定云计算发展战略，争取实现国内云计算市场规模翻两番、在全球市场占有率达10%的目标，成为全球信息网络枢纽和互联网数据中心。

俄罗斯发布了《俄罗斯联邦2020年创新发展战略》，将提高国家创新能力确立为重要战略目标，希望实现从原料出口型向创新型经济增长模式的转型。

印度则希望通过低成本包容性创新将印度打造成创新热地，提出到2020年成为知识型社会与全球科技领导者。

巴西提出“创新产生竞争力，竞争力促进增长”的科技政策口号，同时，将“科学技术部”更名为“科学技术与创新部”，以突出对创新的重视。

可以预见，未来各国对科技制高点的争夺将更加激烈，发达国家对我国技术创新上的进步会加大打压力度，在人才培养和引进、技术标准和平台以及产业链的主导权的争夺将成为重点。近年来，华为、中兴、三一等企业在美国投资遭遇阻击就是其中的典型案例。

（二）以美国为首的发达经济体在创新仍将处于领先地位

尽管遭受国际金融危机的严重冲击，发达经济体在技术创新的投入上受到影响，但其自我修复能力较强，创新潜力仍然很大，尤其是美国仍处于全球领先地位。目前，美国研发投入占到全球的近1/3、欧洲占到全球的24%左右、日本占到全球的11%左右，三者合计达到全球的近70%。根据美国巴特尔公司与《研发杂志》在全球的调查，发达国家在影响未来研发走向的10大关键性领域中全部位居研发领先国家第一位，其中，美国有8项第一，德国和日本各有1项位居世界第一。

表2　　全球研究人员评出的研发领军国家

行业排名	1	2	3	4	5
农业与食品生产	美国	中国	德国	巴西	日本
汽车与机动车	日本	德国	美国	中国	韩国
商用航空、铁路等	美国	中国	法国	德国	日本
军事航天、国防安全	美国	中国	俄罗斯	英国	法国
复合材料、纳米及其他先进材料	美国	日本	德国	中国	英国
能源生产与效率	美国	德国	中国	日本	英国
环境与可持续发展	德国	美国	日本	英国	中国
健康、医疗、生物科学与生物技术	美国	英国	德国	日本	中国
信息与通信	美国	日本	中国	印度	德国
器械/其他非ICT电子	美国	日本	德国	中国	英国

资料来源：Battelle，“2012 Global R&D Funding Forecast”，R&D Magazine。

从基础研究看，在全球排名前50的大学中，30所来自美国，11所来自欧洲，4所来自亚洲，3所来自加拿大，这反映了当前的科技趋势和地区科技力量。工程和技术专业排名前50的学院，美国有22所，欧洲有11所，亚洲有13所。生命科学专业排名前50的学院，美国有27所，欧洲有17所，亚洲有4所。物理科学专业排名前50名的学院，美国有21所，欧洲有18所，亚洲有8所。

还有的专家指出，对美国创新的潜力，统计学和统计体系缺少相应的衡量指标，其潜力或能力并未得到足够反映。美国独特的创新机制、创新文化和创新生态，使美国长期位居全球创新的领先地位，其他国家很难超越。《华尔街日报》载文认为，由于美国年轻的人口、富有活力的文化及多元化的教育体制，美国仍将维持世界新技术研发中心的地位。

对此，我们要有清醒的认识，充分认识到技术赶超的艰巨性。

（三）中国与发达国家差距缩小，有望在一些领域实现重要突破

经过多年的努力，我国技术创新水平与国外差距正在明显缩小，不少领域的差距由过去的“望尘莫及”发展到现在的“望其项背”。在影响未来研发走向的10大关键性领域中，我国全部进入研发领先国家前五位，其中，在农业和食品生产，商用航空、铁路等，军事航天、国防安全，能源生产与效率，信息与通信等5个领域进入前三位（见表2）。2011年我国研发支出上升到世界第二位，占全球的比重由1993年的2.2%上升到13%。我国申请专利数已跃升到全球第一，国际专利申请量与发达国家差距明显缩小；中兴、华为成为全球申请全球专利数第一和第三的企业。深圳正逐步跻身为全球最具活力的创新集群之一。

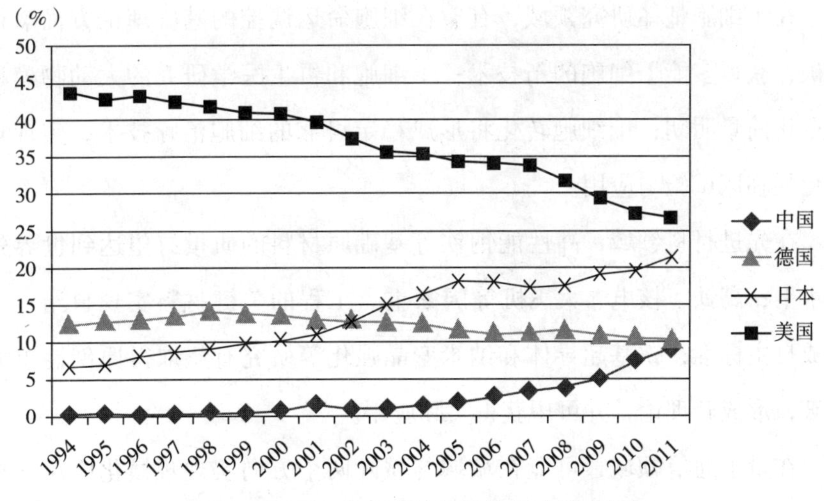

图2　中国国际专利申请数量的全球份额变化

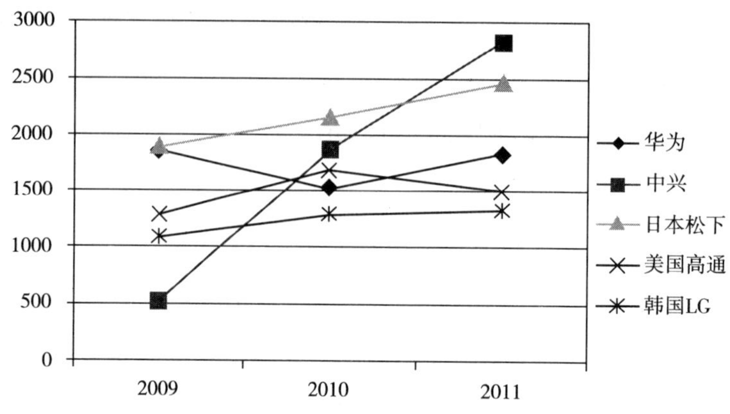

图 3 全球主要电子信息企业申请全球专利

根据中科院预测，未来 5～10 年我国在以下领域可能发生重大科技突破①。

在信息技术领域，可以全面形成核心电子器件、高端通用芯片和基础软件产品的自主发展能力，扭转我国基础信息产品在安全可控、自主保障方面的被动局面。

在干细胞整体研究领域，有望在细胞命运调控的基础理论方面取得突破，获得多能干细胞的新技术；干细胞和再生医学研究的大动物模型产业化前景明朗；干细胞转化将形成稳定可靠的细胞治疗技术，实现规范化的临床试验与应用。

在先进材料领域，高性能钢铁等基础原材料的质量有望达到世界先进水平；高铁、核电、大飞机等国家重点工程的关键材料实现自给，并形成自主标准；铁基超导体和纳米孪晶强化等研究有望取得原创性重大突破，形成新理论，并可望获得实际应用。

在量子通信领域，可能在城域与城际两个方向实现规模化应用，形

① 白春礼："全球科技呈多点突破、交叉汇聚态势"，《人民日报》，2013 年 1 月 7 日。

成新的战略性新兴产业。在星地量子通信和星地量子力学完备性实验检验等空间量子实验方面，有望在国际上率先取得突破。

未来十年，如果我们能够抓住全球技术创新格局大调整的机会，加快改革不适应创新的体制机制，依托庞大的市场应用空间以及由此带来的廉价创新、稳定较快的经济增长和“科技人口红利”，技术创新有望取得新的突破，成为全球最重要的技术创新中心之一。

三、新一轮技术创新引发生产方式变化，但短期内难以显著改变国际分工格局

（一）数字化制造将使一些行业个性化、分散化生产增加

在大规模生产中，改变产品外形和结构往往成本很高，只有在大批量下生产相同的产品，才能压低成本、提高收益。随着信息等技术在生产制造领域的深度应用，数控机床、工业机器人、3D 打印等数字化制造使生产流程变短、特殊劳动技能要求降低、个性化生产成本下降、个性化设计和生产更加容易，加上信息网络的覆盖和电子商务的兴起，可以与个性化需求实现更好地对接，更加贴近消费者市场，更快响应市场需求，企业会更多选择在消费地进行本地化制造，个性化生产和分散化生产的情况会增加。从而，会对全球产业分工格局和全球生产体系产生重要影响，产业分工体系有可能沿着两个方向发展：一是延续产业链分工，主要体现在原材料、零部件等生产资料领域；另一是靠近市场需求的就地生产，主要集中在个性化需求突出的生活资料领域。后一种趋势将使全球化呈现新的发展方向，对地区产业格局逐步产

生深刻影响。

就外商直接投资而言，一方面，外资企业将更加看重我国庞大的市场需求，为更加贴近消费需求，会加大在我国设立研发、设计等机构的力度。另一方面，部分外资企业考虑贴近消费者、规避市场风险、享受发达国家再制造业化政策以及我国成本上升等因素，会将已在我国的部分外资回流到发达国家，也会促使国内企业加快“走出去”步伐，并且更多地采取在国外投资设立生产企业的方式。

同时，数字化制造将使直接从事制造的劳动力减少，劳动力成本在产业竞争力的地位下降，加快削弱我国的比较优势。此外，数字化制造不是简单地机器替代劳动，数字制造技术、知识产权、设计、软件、品牌对产业竞争力的影响程度提高，这些非物质要素成为推动经济增长的关键，而这些方面恰恰是我国的短板。

（二）未来五年大规模生产、集中生产仍将占主导地位，国际分工格局不大可能会在短期内发生大的改变

针对当前出现的发达国家制造业回流现象，一些人主要归因于数字化制造。我们感到，其主要原因是中国等新兴经济体要素成本上升、发达国家要素成本相对降低、质量控制、知识产权保护、高端人才需求以及发达国家再工业化战略实施等综合因素作用的结果，数字化制造起到了推波助澜的作用，但不是主要因素。

未来一段时间内，数字化、智能化制造等新兴技术面临成本、体制机制、法律法规、技术进步等因素制约，还难以在短期内产生革命性影响，大批量标准化生产方式仍是全球生产方式的主体。个性化生产为我们提供了选择，在小批量、个性化生产上，3D 打印等数字化制造技术具有比较优势，如图 4 显示，生产数量在 500 只之内的产品，3D 打印成本

要低于大规模生产的成本；但如果超过500只，那大规模生产的优势就发挥出来，其成本低于3D打印出的产品成本。信息技术的发展，可以进一步弱化地理空间的影响。但即便信息技术得到进一步推广应用，“在线合作创新”也无法完全代替面对面的技术交流和知识传递，大量缄默性知识的学习和传导是信息技术无法解决的，集中生产、产业集群在降低生产成本、激发创新、集体效率等方面仍有其比较优势。

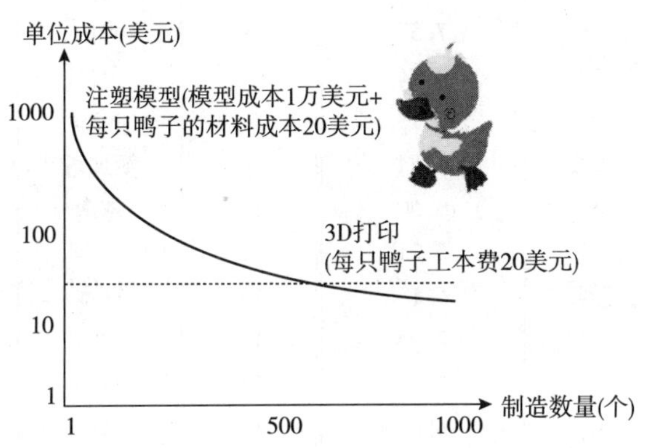

图4　大规模生产和个性化生产成本比较

资料来源：克里斯·安德森：《创客：新工业革命》，中信出版社2012年版。

对我国而言，面对快速上升的要素成本，要推动信息化、数字化制造对我国制造业的改造提升作用，在发挥我国经济腹地广阔优势、巩固我国加工制造基础、增强产业配套能力的同时，促进由初级要素优势向综合成本优势和中高级要素优势转变，提升研发设计和营销能力，加快实现中国制造业由大变强（见表3）。根据德勤有限公司和美国竞争力委员会的联合研究，未来五年中国制造业竞争力仍将位居全球第一，但与第二位的差距在缩小。德国和美国制造业竞争力由现在的第二、第三位下降到第四、第五位。印度、巴西五年后上升到第二、第三位。

表 3　　2013 年及未来五年全球制造业竞争力排名

当前的竞争力排名			五年后的竞争力排名		
排名	国家/地区	指数评分	排名	国家/地区	指数评分
		10 = 高，1 = 低			10 = 高，1 = 低
1	中国	10.00	1	中国	10.00
2	德国	7.98	2	印度	8.49
3	美国	7.84	3	巴西	7.89
4	印度	7.65	4	德国	7.82
5	韩国	7.59	5	美国	7.69
6	台湾	7.57	6	韩国	7.63
7	加拿大	7.24	7	台湾	7.18
8	巴西	7.13	8	加拿大	6.99
9	新加坡	6.64	9	新加坡	6.64
10	日本	6.60	10	越南	6.50
11	泰国	6.21	11	印度尼西亚	6.49
12	墨西哥	6.17	12	日本	6.46
13	马来西亚	5.94	13	墨西哥	6.38
14	波兰	5.87	14	马来西亚	6.31
15	英国	5.81	15	泰国	6.24
16	澳大利亚	5.75	16	土耳其	5.99
17	印度尼西亚	5.75	17	澳大利亚	5.73
18	越南	5.73	18	波兰	5.69
19	捷克	5.71	19	英国	5.59
20	土耳其	5.61	20	瑞士	5.42

资料来源：德勤有限公司、美国竞争力委员会，2013 年全球制造业竞争指数。

四、中国技术创新面临改造传统产业、自身产业化和抢占国际竞争制高点的三重任务

在信息技术深度运用和新一轮技术革命孕育阶段，我们要统筹处理好传统产业改造提升、信息技术深度应用和新兴产业培育三者关系。认真完成好这三方面任务，是我国未来一二十年应始终坚持，并统筹兼顾

的技术创新方针路线。

（一）中国技术创新面临补课、扩展、迎新三重任务

目前，我国处于为旧技术革命“补课”、扩展现有技术革命、迎接新技术革命的叠加期。一方面，我国工业化总体上还处于中期阶段，工业化尚未完成，还存在为过去技术革命“补课”的任务。同时，面对当前全球正在兴起的以宽带计划实施为国家战略标志和以物联网、云计算、大数据等为技术标志的新一轮信息化浪潮，加强信息技术对经济社会领域的全面渗透和深度应用，推动经济发展方式转变和提升人民生活水平。还要未雨绸缪，积极推动生物、能源、材料、航空航天等领域的技术突破，抢占未来技术制高点，为新一轮技术革命和产业革命“布局”。

（二）重视基础能力建设，防止一哄而上，盲目跟风

当前，在我国经济转型时期，面对日趋激烈的竞争和要素成本上升的挑战，各地对新技术、新理论都保持高度的敏感性和学习能力，都很重视抓住新技术革命和产业革命的机遇，以加快自身发展。但也发现不少地方看到什么新、什么热就投资什么，没有从自身特色和优势来发展，一哄而上，盲目跟风，低水平重复建设、产能过剩情况比较突出。而在产品工艺、质量、品牌、技术、管理等基础能力建设上，花功夫不够。结果发展了几年，技术和产业不仅没有进步，反而更加滞后。

应加强国家整体战略部署，协调好中央和地方关系，引导各个方面以务实的态度对待技术革命和产业革命，切实加强基础能力建设，形成合理分工，提升把握机遇、驾驭大局的能力。

（三）应坚持双轮驱动，在培育发展战略性新兴产业的同时，更加重视传统产业的转型升级

培育发展战略新兴产业是我国在新形势下抢占国际产业和技术制高点、转变经济发展方式、促进经济持续增长的重要举措。近年来，国家和各级地方陆续出台了不少规划和扶持政策，努力发挥政府和市场的共同作用，促进了战略性新兴产业的发展。但我们还发现一些地方把新兴产业发展与传统产业发展对立起来，存在“新兴产业就是先进产业、传统产业就是落后产业”的认识误区，大量的优惠政策向战略性新兴产业倾斜，而传统产业面临转移、退出的局面。

当前，传统产业依然是我国工业的主体。2010 年，我国传统产业占全国企业总数的 94%，职工人数占全国工业的 90% 以上，产值占独立核算工业企业总产值的 90% 以上，税收占全国财政收入的 80%。未来我国要保持较快的经济增长，并提高经济增长的质量，关键在于规模庞大的传统产业如何转型升级。在发达的工业化国家，即便是经济发展到一个较高的阶段，传统制造业依旧是经济发展的重要支柱，对经济增长的贡献仍然最为突出，对保证就业、财政收入的平稳增长具有重大意义。美国即便早已完成工业化，1994 年传统产业还占制造业增加值的 76%。

因此，我们在产业发展上，不应厚此薄彼，应更加重视传统产业的转型升级，正视和解决传统产业面临的矛盾和困难，推动技术创新对传统产业的改造。围绕品种质量、节能降耗、生态环境、安全生产等重点，完善新技术、新工艺、新产品的应用推广机制，提升传统产业创新发展能力，促进传统产业与战略性新兴产业融合发展、协调发展。

王忠宏

王忠宏，国务院发展研究中心产业经济研究部调研员，副研究员。

专题七

美国经济走势及对中国的影响

美国是全球最大的单一国家经济体，美元也是全球货币体系中的首要储备货币，美国经济走势对世界经济和中国经济乃至中美双边经贸关系都有着不同一般的意义。

一、美国经济保持温和增长的可能性较大

（一）去杠杆化抑制了美国经济复苏力度

自2009年6月复苏以来，美国经济增长乏力，失业率下降缓慢。不但难以恢复到危机前的增长速度，也弱于以往危机和衰退之后的复苏力度。这是由此次危机的性质决定的。

此次危机是一个典型的资产价格泡沫破灭引发信用紧缩造成的危机。在信用紧缩之后，私人部门开始偿还危机之前积累的大量债务（去杠杆化）。由于风险规避显著上升，即使危机见底和经济复苏之后这一过程仍会持续。据美国商务部经济分析局的数据显示，2007年至2012年期间，美国居民净储蓄额从2425亿美元上升到4377亿美元，增长80%；企业

净储蓄额（以未分配利润为主）从2707亿美元上升到7351以美元，增长172%。在美国企业利润不断创历史新高的同时，企业投资额反而从2007年的16333亿美元下降到2012年的16248亿美元。据美联储数据显示，1980年美国居民负债相当于GDP的49%，2009年这一数字达到97%的顶峰，目前下降到86%。和历史水平相比，美国居民部门的负债率仍然很高，去杠杆化过程仍将持续的可能性较大。

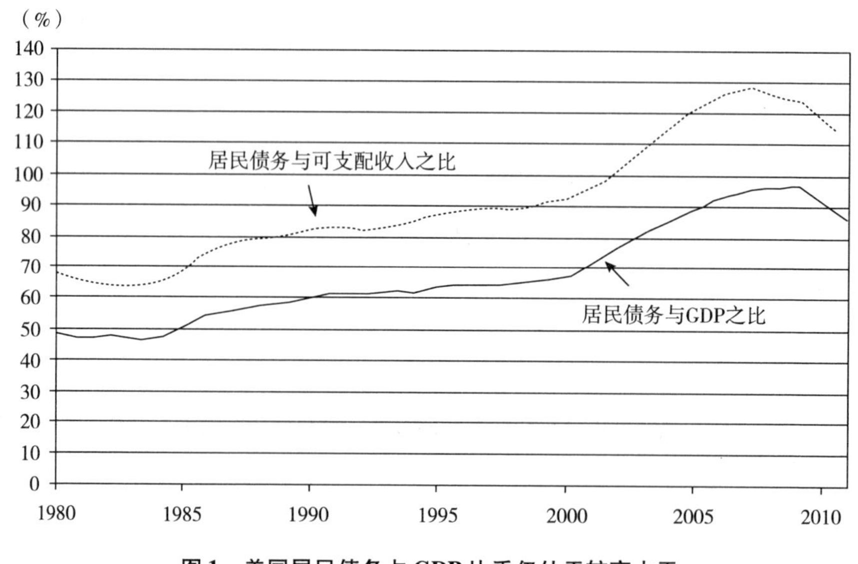

图1　美国居民债务占GDP比重仍处于较高水平

资料来源：美联储和美国商务部经济分析局。

在私人部门去杠杆化的大背景下，美国经济之所以还能保持2%左右的增长速度，一是靠“量化宽松”不断向经济注入大量流动性，二是扩张性财政政策起到了一定支撑作用。过去5年中，美国联邦政府累计的预算赤字高达5.5万亿美元，公众持有的国债占GDP比重从2007年的37%上升到2012年的75%。美国国会预算办公室估算，如果现行政策不变，公众持有的国债占GDP比重将于2020年突破100%，2030年突破150%。

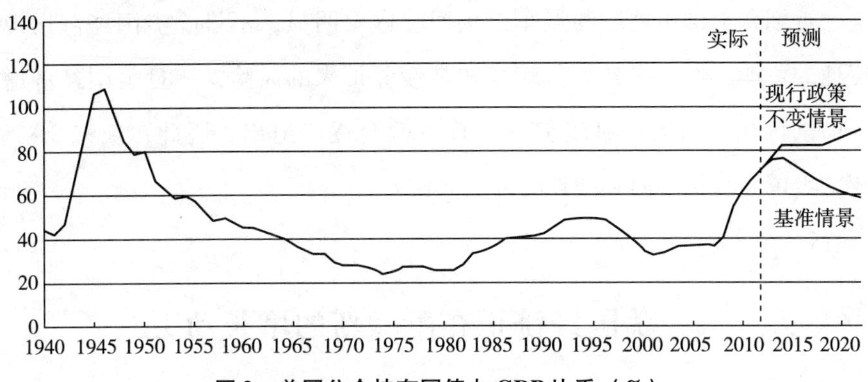

图2　美国公众持有国债占 GDP 比重（%）

资料来源：美国国会预算办公室，2012 年 8 月。基准情景指的是财政赤字得到大幅削减的情况，现行政策不变情景指的是赤字无法削减的情况。

（二）美国仍有条件维持温和的经济增长

但和其他发达国家相比，美国的总体表现仍然属于比较好的。首先，在美元本位的国际货币体系下，美国货币政策持续扩张的潜力仍然很大，这是大萧条时期的美国和20 世纪 90 年代的日本所无法相比的。其次，美国的预算赤字以及国债规模不论是和历史上比，还是与当今其他发达国家比并不算太高，有在短期内继续扩张的空间。第三，虽然美国也面临人口老龄化问题，但与其他发达国家相比，其人口增长率和劳动参与率都比较高。据国际货币基金组织估计，2012 ~ 2017 年之间，欧盟占全球GDP 的比重将从 23% 下降到 20. 2%，而美国将从 22% 下降到 21. 3%，日本将从 8. 4% 下降到 7. 1%。同样是下降，但美国下降的幅度更小，反而超越了欧盟的比重。

表1　美国人口和劳动力状况好于其他主要发达国家

指标	美国	英国	法国	德国	日本
2011 年劳动参与率（%）	64. 1	63. 2	56. 3	59. 2	58. 7
2001 ~2010 年均人口增长率（%）	0. 91	0. 41	0. 65	－0. 04	0. 06
2001 ~2010 年均劳动生产率（%）	2. 12	1. 25	0. 86	0. 87	1. 61

数据来源：美国劳工部、经济合作与发展组织。

近期，美国房地产和汽车市场回暖迹象明显，不排除美国经济出现提速的可能。但考虑到通货膨胀和高债务带来的风险，一旦美国经济增长前景转好，扩张性财政和货币政策就会逐步退出。因此，未来3～5年，美国经济保持温和增长的可能性较大。

二、美国经济正在酝酿新的增长动力

（一）美国积极寻求新的增长动力

在不同的历史时期，美国总能找到新的增长动力，保持经济的较快增长和在全球的领先地位。比如说，美国依靠扩张性的财政政策走出了大萧条，在战后和平的外部环境、经济全球化和技术进步等多重因素共同作用下，迎来了20世纪50和60年代经济增长的“黄金期”。20世纪80年代则通过管制放松和货币紧缩走出了70年代的“滞涨”，并依靠信息技术革命迎来了90年代的繁荣增长期。

尽管在此次国际金融危机中受到严重冲击，但美国仍具有多重优势，如灵活的劳动力市场，鼓励创新的制度环境，雄厚的科研实力等。美国已经认识到自身经济出现了结构性问题，需要通过一系列结构调整和改革才能真正走出危机的泥潭。目前，美国正在努力寻找新的增长动力，一旦成功，则有可能使美国经济重新走上快速增长的轨道。其努力的方向主要有以下几点：加大创新力度、开发新能源、推动再工业化。

按照长波理论的分析，美国目前极有可能走到了一个经济长周期的萧条期。而熊彼特的创新理论认为，每一次萧条都孕育着技术革新的可能。《2011年美国总统经济报告》强调，美国经济增长的源泉来自于创新和技术进步，在应对危机的同时必须着眼长期的经济增长。为此，美国政府大幅增加基础科学研究的经费投入，重点方向是清洁能源、纳米技术、无线通信、生物技术以及先进制造；启动了旨在加快专利发放和提升专利服务水平的五年计划；提出扩大、简化和永久性地延长研发和实验税收抵免；为中小企业创业和发展打造更好的环境；加大基础设施投资力度；提升高等教育毕业率以及加强职业培训等。

近一段时期，学术界关于第三次工业革命的讨论逐渐增加。有观点认为，第三次工业革命将是信息技术与能源技术的结合①。美国在信息技术领域本来就处于领先地位，如果能够抓住第三次工业革命的机遇，美国经济就可以摆脱当前的低迷状态，再度进入一个繁荣增长期。在新能源领域，美国已经取得了突破性进展。页岩气的大规模开采，已经使美国天然气价格大幅下跌，并进一步影响到美国发电成本和原油价格。受能源价格下跌的影响，部分能源密集型行业在美国出现了复兴迹象，一些当年出走的制造业产能也开始回流美国，天然气和煤炭出口也改善了美国的国际收支状况②。据美国化学理事会估计，页岩气的开发在未来五年将导致美国八个密集使用天然气的行业增加 120 万就业和 3400 亿美元的产出③，这相当于降低美国失业率 1 个百分点和提升 GDP2. 1 个百分点。

此外，在反思危机前经济过度“虚拟化”以及复苏过程中失业率下降缓慢的背景下，美国还提出了再工业化和出口倍增战略，并制定了有针对性的吸引外资和鼓励出口的政策。这一战略与加大创新力度、开发新能源等措施也紧密相关。美国劳动部劳工统计局的数字显示，2002～

① 杰瑞米·里夫金：《第三次工业革命》，张体伟、孙郁宁译，中信出版社 2012 年版。

② 张永伟：美国页岩气开发的最新进展及对美国经济的影响，国务院发展研究中心《调查研究报告——择要》第 109 号（总第 1895 号），2012 年 8 月 6 日。

③ American Chemistry Council, *Shale Gas*, *Competitiveness and New U. S. Investment*: *A Case Study of Eight Manufacturing Industries*, May 2012.

2010 年期间，美国制造业单位劳动成本下降了 11%，而其他主要发达国家均出现明显上升。美国波士顿咨询公司预计，随着制造业相对成本不断下降，未来将会有越来越多的美国企业将海外制造业务迁回美国，其中 2020 年从中国回流美国的工作岗位将达到 60 万个[①]。在扩大出口方面美国也取得了一定进展，按照目前的增长速度，美国在 2014 年实现出口倍增目标的可能性较大。

（二）新的增长动力何时出现还有不确定性

但上述努力和进展能否迅速转化为支撑美国新一轮繁荣的增长动力还有相当不确定性。科学技术的突破和创新的时机具有很大的偶然性。即使新技术革命真的发生了，对生产率提高和经济增长的作用可能也要过很多年才能体现。例如，信息技术的概念在 20 世纪 50 年代就已经提出，70 年代计算机就已经普及，互联网也已发明，但对生产率提高和经济增长的影响要到 90 年代后半期才显现出来。由于时间尚短，再工业化的长远效果目前也难以断定。有研究认为，包括美国在内的发达国家再工业化战略有可能延缓其高端制造业对外转移，但不会改变全球发达国家与发展中国家分工格局的演化方向[②]。美国出口倍增目标如果能实现，也与 2009 年出口基数受金融危机影响过低有很大关系。

美国无疑在积极寻找新的增长动力，但其效果要真正显现出来尚需时日。短期内美国经济仍将处于一个调整期之中。

---

① Harold L. Sirkin, Michael Zinser, and Douglas Hohner, *Made in America, Again: Why Manufacturing Will Return to the U. S.*, Boston Consulting Group, August 2011.

② 隆国强：发达国家再制造业化战略及对我国的影响，国务院发展研究中心课题组，2012 年 5 月。

三、中美经贸关系将更趋复杂和具有挑战性

（一）美国经济调整对中国的影响

作为全球最大的经济体，美国采取的一些经济调整政策对其他国家也产生了较大影响。美国三轮量化宽松的总规模高达3万亿美元，其目的是向经济注入流动性，为政府债务融资，并使本币贬值。其他发达国家和地区如英国、欧元区、日本不甘落后，也先后实施了大规模的量化宽松，使得全球流动性泛滥，大宗商品价格大幅波动。由于发达国家经济增长前景不佳，流动性大量流入新兴经济体，使其面临本币升值和通货膨胀的长期压力。中国为了抑制通货膨胀而采取的稳健的货币政策，是2012年中国经济增速陡然下降的重要原因之一。而美国的再工业化和出口振兴政策使得国际竞争加剧，贸易和投资保护倾向明显上升，不利于全球化的发展。美国新能源特别是页岩气的开发将提升美国的总体竞争力，并将极大地改变地缘政治格局，也将巩固其在全球分工格局中的优势地位。

但是，美国经济调整对中国而言也蕴含着机遇。美国长期以来都是中国最大的单一国家出口市场。尽管未来中国的出口增速难以恢复到危机前的高水平，但美国经济保持温和增长对于中国出口而言仍然是一个稳定因素。2012年中国对美货物贸易出口增长8.5%，不仅显著高于对欧对日出口增速，也高于中国总体出口7.9%的增速。由于化石能源特别是原油是全球交易的商品，美国开发页岩气导致的国际油气价格下跌也使全球第二大能源进口国——中国受益。而且，理论上中国页岩气储量还要大于美国，美国在相关领域所取得的经验和技术都可以在中国应用，

这将对中国的能源的开发和利用产生积极的影响。在信息化和全球化大发展的今天，技术扩散的速度比过去快很多。即使美国取得了新技术的突破，只要中国坚持对外开放，积极参与国际分工和竞争，持续加大对创新和研发能力的投入，就可以充分发挥市场规模优势及后发优势，迅速地利用新技术为自身经济发展服务，并力争实现消化、吸收、再创新。互联网技术在中国的发展已经证明了这一点。

（二）美国经济政策对中美经贸关系的影响

从美国近年来的《国情咨文》和《总统经济报告》的内容来看，美国经济政策的短期目标是恢复经济的强劲增长、显著扩大就业，长期目标则是保持美国的竞争力和全球领先的经济地位。在对外经济政策方面，美国高度关注其他国家和地区的发展，在必要时愿与其他主要经济体特别是发达经济体加强政策协调，应对金融危机的挑战。美国过去曾长期是自由贸易的推动者，但在当前的形势下，更强调“公平贸易”，为捍卫本国商贸利益不惜挑起贸易争端，着力提升本国制造业竞争力，积极吸收外资和扩大出口。

过去几十年，中美双边经贸关系发展迅速，成为彼此最重要的双边经贸关系之一。两国互为对方的第二大贸易伙伴，其中美国是中国最大的（单一国家）出口市场，中国是美国第一大进口来源地和第三大出口市场。在直接投资方面，美国一直都是中国主要的外资来源地，也是中国对外投资的主要目的地。中国的巨额外汇储备大部分用于购买美国的金融资产，其持有的美国国债数量在外国投资者中排第一位。两国基本上形成了相互依存、互惠互利的关系。在金融危机期间，美国还主动加强与中国沟通，希望借助中国的力量共同应对危机。但由于中国在金融危机中表现异常稳健，并在2010年超过日本世界第二大经济体，成为唯一有可能在可预见的将来赶超美国的国家，美国对双边经贸关系的态度发生了微妙的变化，在制定经济政策时针对中国和遏制中国的意图更加明显。中美双边经贸关系日趋复杂和具有挑战性。

表 2　　美国在世界贸易组织对中国发起的贸易争端

案件编号	起始日期	起诉内容	目前状态
DS450	2012/9/17	影响汽车和汽车零部件产业的部分措施	正在磋商
DS440	2012/7/5	影响部分美国汽车进口的反倾销和反补贴措施	专家组已成立
DS431	2012/3/13	与稀土出口有关的措施	专家组已成立
DS427	2011/9/20	影响美国鸡肉产品进口的反倾销和反补贴措施	专家组已成立
DS419	2010/12/22	与风电设备有关的措施	正在磋商
DS414	2010/9/15	影响美国取向电工钢产品进口的反倾销和反补贴措施	美方胜诉
DS413	2010/9/15	影响电子支付服务的有关措施	美方胜诉
DS394	2009/6/23	与各种原材料出口有关的措施	美方胜诉
DS387	2008/12/19	拨款、贷款和其他激励措施	正在磋商
DS373	2008/3/3	影响金融信息服务和外国金融信息提供商的措施	庭外和解
DS363	2007/4/10	影响部分出版和视听娱乐产品贸易权和分销服务的措施	美方胜诉
DS362	2007/4/10	影响知识产权保护与实施的措施	美方胜诉
DS358	2007/2/2	退还、减轻或免除税收及其他应付款项的部分措施	庭外和解
DS340	2006/3/30	影响汽车零部件进口的措施	美方胜诉
DS309	2004/3/18	集成电路增值税	庭外和解

资料来源：世界贸易组织。

例如，在世界贸易组织对中国发起的争端解决诉讼共 30 起，其中美国就占了 15 起，而且有 10 起是在 2008 年（含）之后发起的。据英国经济政策研究中心统计，自金融危机爆发以来，美国共实施了 124 项贸易和投资保护措施，其中有16项措施对中国产生不利影响，数量在美国的贸易伙伴中位列第一。为了重振国内经济，美国积极吸引外资，但对来自中国的投资却屡屡以国家安全的理由横加阻挠。为扩大国内产品出口，美国已经先后与韩国、哥伦比亚和巴拿马签署自由贸易协定，并积极寻求建立包括多个亚太国家在内的“跨太平洋伙伴关系协定”，但把中国排除在外。换句话说，美国并不是一味地搞贸易保护主义，但市场开放的利益不再愿与中国分享。更重要的是，在美国高调宣布“重返亚洲”之后，中国与周边国家的关系骤然紧张，自亚洲金融危机以来东亚各国加强区域经济合作的良好势头被打断，对中国和平发展的外部环境带来极其不利的影响。

（三）“从坏处准备，争取最好的结果”

21世纪初，中央提出新世纪前20年是我国发展的“战略机遇期”。第一个10年的发展历程充分证明了这一判断的准确性，但第二个10年我们确实面临更加复杂和困难的外部环境。在这种情况下，我们需要对问题有清醒的认识，防范最坏可能性的出现，但更要将压力转化为动力，深化改革开放，在加强自身实力的同时努力改变不利的外部环境，争取最好的结果。

在对外经济政策方面，我们应该实施新一轮对外开放战略，以“开放促开放”，打造互利共赢的经贸关系。一方面通过开放自身的市场促进国内的改革，让包括美国在内的其他国家分享中国发展的机遇；另一方面换取其他国家对中国产品和投资的开放，提升中国经济增长效率和质量。

其次，加强中国的软实力建设，力争国际经济治理的话语权和影响力。在多边和区域治理机制中，积极主动地发挥建设性作用。对重大的国际问题，提出中国版的解决方案，主导议题的设置和方向。团结一切可以团结的力量，加强与其他新兴国家的政策协调，分化发展中国家中的亲美力量，打破美国和西方的围堵。

第三，面对美国的不合理要求和打压需要针锋相对，一味退让只会令对方得寸进尺，必要时需坚决反击，“以彼之道，还施彼身”。这样既维护了我们的正当利益，又可以使美方认识到自身的错误。但反击不是目的，只是手段。真正的目的是“以战促和”，使中美双边经贸关系不偏离互惠互利、合作共赢的发展轨道。

方　晋

方晋，中国发展研究基金会副秘书长，副研究员。

专题八

欧盟经济的基本面与走势

欧盟是世界最大的经济体，但经济增长率不高。2009 年之后，经济增速进一步降低。主权债务危机、高失业率、人口老龄化、内部成员国发展不平衡都是制约其经济复苏的重要因素。欧盟在推进经济一体化方面曾取得巨大成就，为全球的区域经济合作提供了成功范例。在危机倒逼之下，针对危机中暴露的问题，欧盟制定了新的战略发展目标，进行了政治体制改革，强化了金融监管，深化了经济治理。外交上继续发展与美国、俄罗斯、中国等主要战略伙伴关系的同时，将重点发展与新兴国家的关系，以巩固和强化其在全球经济治理中的地位和影响力。此次危机使欧盟的威信和国际地位受到前所未有的挑战，经过一系列调整后，其未来发展前景如何，将主要面临哪些问题和挑战，存在何种优势和机遇，对这些问题做出深入研究，有利于我们借鉴欧盟经验，妥善处理双方竞争关系，密切双方合作，更好地服务我国经济发展。

一、欧盟经济基本情况

欧盟是世界上最大的经济体，2011 年经济总量达到 17.6 万亿美元，比美国高出2.1万亿美元，是我国的2.4倍，为其中，德、法、英、意、西班牙五国合计占欧盟GDP的70.0%，德国为欧盟内部的最大经济体，占其经济总量的20.5%，就单个国家而言，德国经济总量列全球第四。

2000年至2011年这12年期间，欧盟平均增长率为1.62%，比发达经济体低0.18个百分点，不到世界总体平均水平（3.71%）的一半，是新兴经济体和发展中经济体（6.16%）的1/4稍多。在欧盟内部，传统发达国家增长率较低，如德国为1.35%，荷兰为1.56%，法国为1.62%，英国为1.91%，意大利为0.67%。增速相对较快的是后加入欧盟的中东欧国家，如波兰、立陶宛、保加利亚的平均增长率分别达到4.32%、5.87%、4.04%。总体来看，欧盟属于典型的高收入低增长经济体。

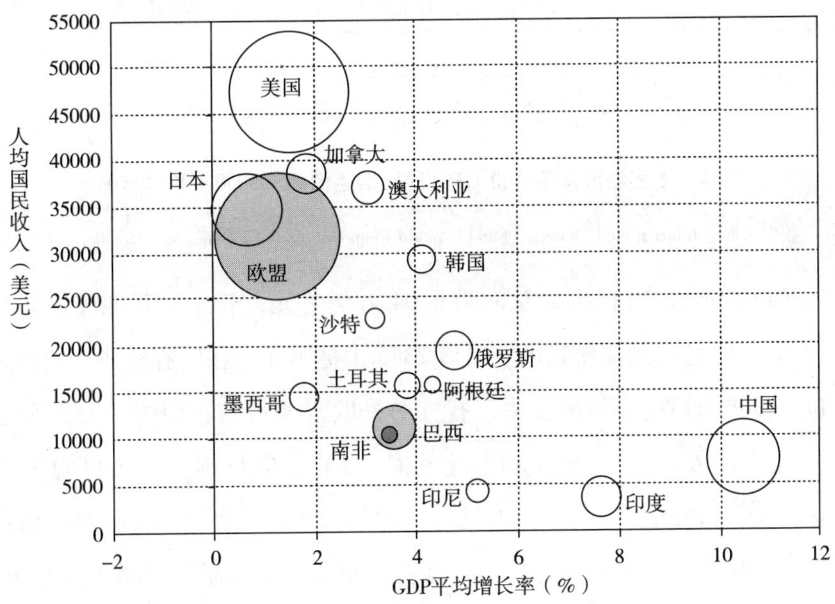

图1　主要经济体不变价GDP平均增长率（2000~2010年）及人均国民收入（2010年）

数据来源：Eurostat，the United Nations Statistics Division，the World Bank。

金融危机引发的2009年大衰退成为欧盟经济增长的转折点，在2009年之前的三年，欧盟增长速度在发达经济体总体增速线之上，但2009年之后则处于发达经济体总体增速线之下，2012年增速又出现了深度下滑。

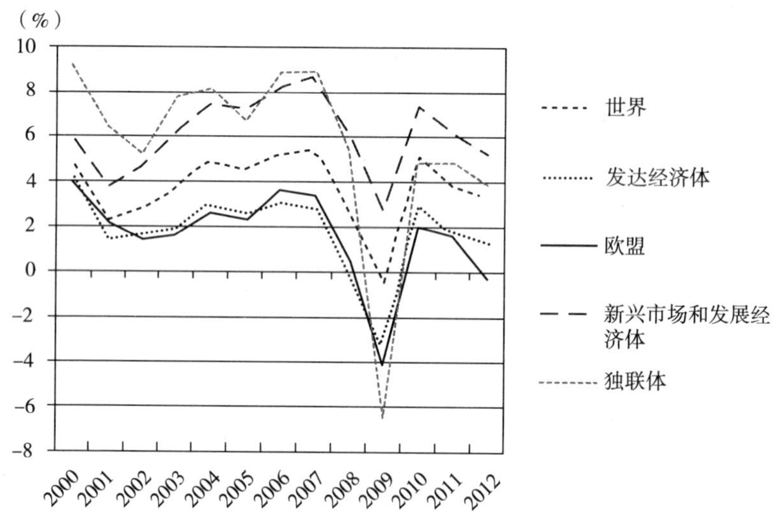

图2　主要经济体不变价GDP同比增速情况（2000～2012年）

数据来源：International Monetary Fund，World Economic Outlook Database，October 2012。

2011年欧盟27国出口总额为6.04万亿美元，其中对其他经济体出口为2.13万亿美元，比我国多出口2345.1亿美元，在所有经济体中居第一位。世界出口前十位国家中，有五个是欧盟成员国：德国（3）、荷兰（5）、法国（6）、意大利（8）、比利时（10）。成员国之间出口为3.91万亿美元，占欧盟出口量的64.7%。2001～2011年期间，欧盟对外出口占世界份额与欧盟成员国之间的出口占欧盟总份额均呈现轻微下降趋势，2007年之后下降较为明显，内部贸易与对外贸易相比，相对下降。欧盟主要的出口贸易伙伴为美国、中国和俄罗斯。

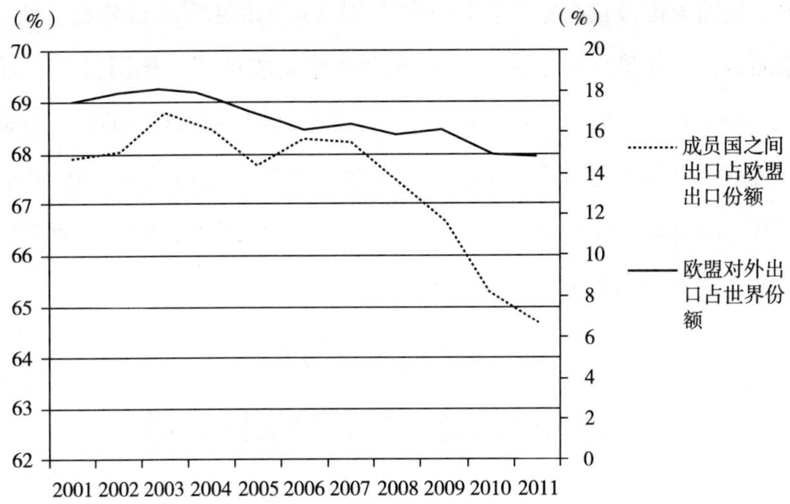

图 3　欧盟 27 国出口情况（2001～2011 年）

数据来源：世界贸易组织。

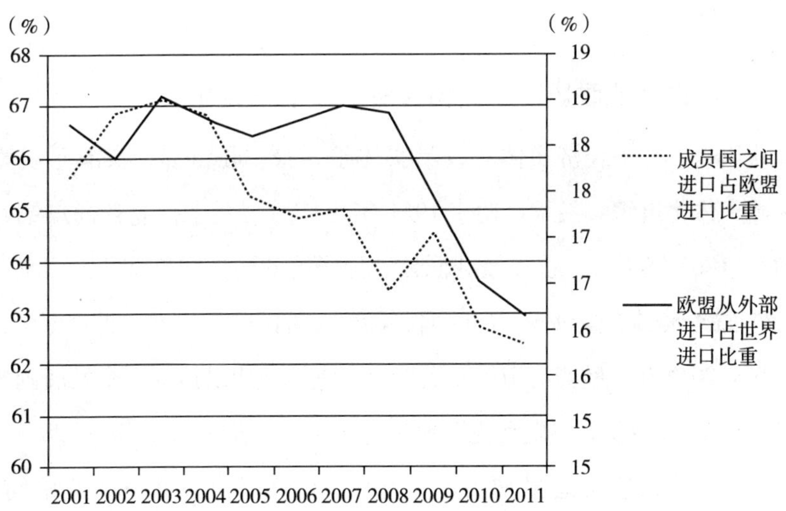

图 4　欧盟 27 国进口情况（2001～2011 年）

数据来源：世界贸易组织。

2011 年，欧盟 27 国总进口 6.26 万亿美元，其中从外部进口 2.4 万亿美元，占世界总进口额（不含欧盟成员国之间贸易）的 16.2%，比排在第二位的美国及排在第三位的我国分别高 0. 6 和 4. 2 个百分点。就单个国家而言，世界进口前十位中，有五个是欧盟成员国：德国（3）、法国（5）、英国（6）、荷兰（7）和意大利（8）。2001 ~2011 年期间，欧盟从外进口占世界份额与欧盟成员国之间的进口占欧盟份额均自 2003 年起呈现轻微下降趋势，2007 年之后下降较为明显。欧盟主要的进口贸易伙伴为中国、俄罗斯和美国。

二、欧盟经济一体化的实际进展

欧盟在推进经济一体化方面取得了巨大成就，为全球的区域经济合作提供了成功范例。

（一）由产业联盟逐步走向经济、政治一体化

欧盟是一个集经济实体和政治实体于一身、在世界上具有重要影响的区域一体化组织。最早起始于 1951 年 5 月的《关于建立欧洲煤钢共同条约》，1965 年 4 月，将煤钢共同体、原子能共同体和经济共同体统一起来，统称欧洲共同体。1993 年 11 月，随着关税同盟的建立，正式更名为欧盟。截至 2012 年，欧盟经历了六次扩大，成员国从最初的 6 个发展到现在的 27 个。2013 年 7 月，随着克罗地亚的加入，欧盟成员国将变为 28 个。

欧盟经济组织形态最初为产业联盟，经历了共同市场、货币同盟、政治同盟等阶段，现向国防和财政一体化的更深层次演进。1965 年 4 月，法国、意大利、联邦德国等六国签署了《布鲁塞尔条约》，演变为经济共同体；1993 年 1 月，实施了共同的农业政策、关税同盟及对外贸易政策，欧共体宣布统一大市场基本建成；1993 年 11 月“马约”正式生效，政治

合作制度纳入欧洲政治联盟活动范围，标志着欧共体从经济实体向经济政治实体过渡。1999 年 1 月，欧盟正式启动欧元，2002 年 1 月欧元正式流通，在大部分成员国实现了货币一体化；2009 年 11 月《里斯本条约》获得最后一个成员国捷克签署通过，12 月 1 日开始正式实施，标志着欧洲一体化历史上一次重要的宪政化改革终于尘埃落定。在主权债务危机的倒逼下，2012 年 1 月底，德国、法国等 25 个成员国签署“财政契约”草案，正式文本在 3 月欧盟峰会上签署，截至 12 月，已经得到 12 个欧元区成员国议会批准，于 2013 年 1 月 1 日正式生效。虽在 5 年内仅对欧元区国家具有约束力，但标志着欧盟“财政一体化”迈出了关键的一步。

欧盟一体化选择了先易后难、由浅入深的正确路径，核心成员也做了最大的利益让渡，设置了名目繁多的扶持基金，此外也秉承了求同存异的务实原则，在不断调整折衷中实现逐步推进。更为关键的是，对一体化的重要性存在广泛共识，这为欧盟及其成员国克服困难、致力推进提供了坚定的信念。然而内部发展的不平衡和利益格局的多元化仍是欧盟维持和发展的最大挑战，在经济困难时期尤其如此。

（二）欧盟组织结构趋于完善呈现“国家化”特征

2009 年 12 月 1 日生效的《里斯本条约》终结了欧盟运行近 20 年的三个支柱结构：欧洲共同体、共同外交与安全政策、刑事与警察事务合作，使决策机构权能、决策机制、法律依据、适用范围更加统一，大大简化了实际运作中的障碍。不同于单一国家，欧盟实行的是四权分立：决策、立法、行政和司法，由五个主要机构承担：欧洲理事会（决策）、欧盟理事会（决策、立法）、欧洲议会（立法）、欧洲委员会（行政）、欧盟法院（司法）。

“里约”带来的较大变化是：①欧洲理事会成为正式机构并设立常任

主席一职，相当于欧盟元首；②设立共同外交与安全事务高级代表，协调欧盟在不同外交领域的外交政策，保障欧盟对外事务的一致性；③改革了欧盟理事会的表决机制，在决策程序方面，进一步扩大了多数表决机制使用范围，减少了“一票否决”领域，简化了决策机制，提升了决策效率；④增加了议会权力，欧洲议会的主要职权参与立法权、财政预算权、行政监督权都有明显扩展，欧洲议会有对缔结贸易协议的否决权。成员国议会作用得到强化，若提案被1/3国家议会否决，欧盟委员会须重新考虑提案。

其他重要机构还有欧盟审计院、欧洲中央银行、欧洲投资银行、经济和社会委员会、地区委员会、欧洲警察局和欧洲军备局等。

（三）欧盟在世界经济和全球治理中的地位与影响力举足轻重

欧盟当初是欧洲各国经济发展需求拉动及苏美两超级大国冷战刺激的产物，但现在却成为区域经济政治一体化的典范。通过实施共同政策、建立关税同盟、统一制订标准，消除了各国之间的贸易和投资障碍，极大地促进了生产要素的自由流动，提高了欧洲经济的整体竞争力。欧盟在国际重大问题上能够协调各国立场，实现了单个成员国所不能企及的影响力和话语权，比如在气候变化、碳关税等全球议题上扮演着领导者角色。

“里约”生效后，欧盟原有机构的权能得到扩展，通过设立新的职位和机构，组织机制上提供了保障，打通了政策执行过程中的一些制度瓶颈，提升了欧盟政策的制定和执行效率，整体的对外代表性进一步增强。近年来，受欧债危机影响，欧盟优先加强对外事务协调的战略安排被暂时打乱，被迫转向强化内部经济协调与治理。作为主权债务危机的始发地和重灾区，暴露出一体化过程中存在的一些严重问题，“欧盟模式”的示范效应受到质疑，国际影响力受到一定影响。但以此为契机，欧盟强化财政纪律约束、建立危机永久救助机制等补救性措施得以推行，反映了欧盟在处理复杂问题方面具有较大的张力，其作为重要一极的作用不容忽视。

三、欧盟经济面临的主要挑战与机遇

2009 年底，欧洲主权债务危机爆发，希腊和爱尔兰为了避免主权债务违约，相继向欧盟和国际货币基金组织求助。2011 年葡萄牙、西班牙和意大利也陷入困境。这些国家的财政赤字与公共债务规模占 GDP 比重均远超欧盟《稳定与增长公约》所规定的 3% 和 60% 阀值，有违约风险的债务规模约是 2008 年全球金融危机爆发时美国银行业有毒资产规模的 2.5 倍。

从表面看，这些发达国家爆发主权债务危机是受到金融危机影响深化的结果，但深层次原因却是经济增长乏力、发展不平衡、财政一体化相对货币一体化滞后、社会高福利以及人口结构老龄化交织影响的结果。与同样遭遇债务危机的美国和日本相比，欧洲债务危机更加复杂，危害更大。

在未来 5 ~ 10 年中，欧盟将主要面临以下严峻挑战。

（一）主权债务危机仍在持续

2011 年欧盟 27 国债务水平出现进一步上升，占 GDP 的比重从 80.0% 上升到 82.5%。不过，净债务无论从绝对水平还是增长速度上都低于发达国家平均水平，2011 年欧盟净债务水平比发达国家平均水平低 7.1 个百分点，2010 年与 2011 年欧盟净债务平均增长率在 3 个百分点左右，而发达国家增速接近 5 个百分点。并且欧盟财政赤字均出现下降，欧盟从 2010 年的 6.5% 下降到 4.4%。

虽然呈现改善趋势，但欧盟债务问题仍然严重，赤字水平超过 3% 警戒线的成员国达到 17 个，债务水平超过 60% 警戒线的达到 14 个，其中包括英国、法国等核心成员国，与 2010 相比，只有 6 个成员国政府债务得到相对改善，21 个成员国都存在不同程度的恶化，更为严峻的是，希腊、意大利、葡萄牙、爱尔兰几个债务水平超过 100% 的国家，还在以相对较快的速度恶化。

2011 年，欧盟 27 国政府支出占 GDP 比例下降 1.5 个百分点，占 GDP 的 49.1%。政府收入占 GDP 比例增加了 0.6 个百分点，达到 44.7%。欧盟税收收入占欧盟政府收入的 90% 左右，2011 年税收占 GDP 比重为 40.0%，比 2010 年提高了 0.4 个百分点，但欧盟本来就属于高税收经济体，且税收总量已经超过危机前水平，加上经济不景气，其增税空间已经不大。

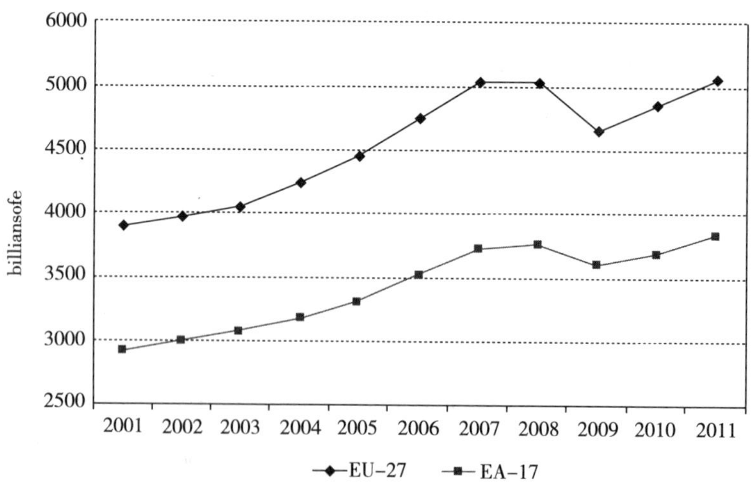

图 5 欧盟 27 国与欧元区 17 国税收额（2001～2011 年）

数据来源：Eurostat。

（二）失业率居高不下

欧盟的失业率一直比较高，2000 年约为 9%，美国大约为 4%。2008 年欧盟失业率最低时也达到 6.7%，2010 年和 2011 年，平均失业率为 9.7%，为 2000 年以来最高，只有 2009 年美国平均失业率曾超过欧盟。2009 年后美国、日本失业率均出现下降，但只有欧盟在 2011 年中期出现失业率快速反弹。

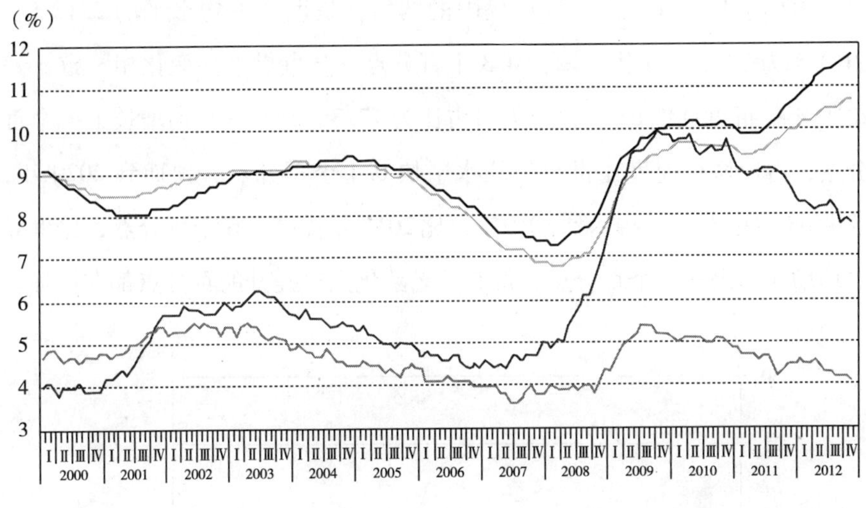

图 6　欧盟失业率及与美国、日本比较（2000～2012 年，经过季节调整）

数据来源：Eurostat。

2012 年 11 月，欧盟失业率进一步上升到 10.7%，而美国和日本同期分别为 7.8% 和 4.1%。失业率最为严重的西班牙和希腊分别达到 26.6% 和 26.0%。与一年前相比，失业率出现上升的有 18 个成员国；保持稳定的是丹麦和匈牙利，只有 7 个员国出现下降。西班牙和希腊失业率不但最为严重，而且增幅最大。15～24 岁年轻人失业率（因包含全职学习人群，存在高估）尤为严重，过去十年，欧盟年轻人失业率约为总人口失业率的两倍。2012 年 11 月，欧盟年轻人失业率达到 23.7%，欧元区更高，为 24.4%，希腊和西班牙则分别高达 57.6%（2012 年 9 月份数据）和 56.5%。年轻人的高失业率对欧洲社会和成员国政权的稳定构成了严重威胁，英国、西班牙和希腊等国均出现了年轻人参与的游行抗议、骚乱事件。

（三）人口老龄化问题严重且呈加速态势

2010 年，欧洲 65 岁以上人口占比为 16.2%，仅次于日本的 22.7%，比美国高 3.1 个百分点，接近我国的两倍，是世界平均水平的 2.13 倍。2010 年与 2005 年相比，增长 0.3 个百分点，与世界平均变化相一致。到 2015 年，折衷预期 65 岁以上人口占比为 17.3%，较 5 年前增长 1.1 个百分点，占比增长速度比世界平均水平快 0.4 个百分点；预期到 2020 年，欧洲 65 岁以上人口将达到 18.9%，比 2015 年提高 1.6 个百分点，比世界平均增速高出 0.5 个百分点，每 5 年老龄化人口提升的百分点都在增加。

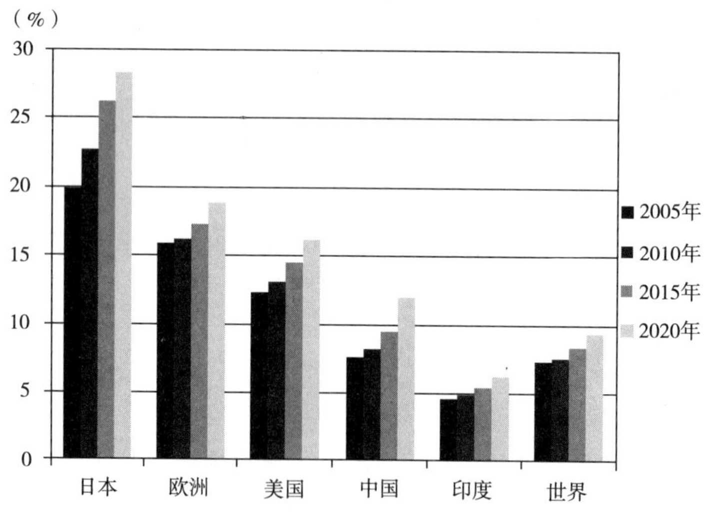

图 7 欧洲 65 岁以上人口占比及与其他主要经济体比较

数据来源：联合国数据库，2015 年及 2020 年为预测中间值。

（四）经济发展不平衡，内部利益协调难度大

欧盟成员国发展极不均衡，按人均年收入水平可以简单分为三个梯队：人均年收入超过 3 万美元的高收入国家有卢森堡、荷兰、奥地利、芬兰、爱尔兰、比利时、德国、法国、英国、意大利和西班牙 11 国，这些国家人均年收入平均达到 5.0 万美元/年；人均年收入介于 2 万美元至 3 万美元的中等收入国家有塞浦路斯、希腊、斯洛文尼亚、葡萄牙、马耳他五国，人均年收入平均为 2.5 万美元；第三梯队国家人均年收入低于 2 万美元，主要是后加入欧盟的中东国家，这些国家人均年收入平均为 1.3 万美元。不同梯队人均年收入平均呈现成倍差距。人均年收入最高国家卢森堡是最低国家保加利亚的近 16 倍（数据来源：国际货币基金组织）。在收入差距如此之大的成员国之间，要想达成共识，需要付出较大的代价。据测算，欧盟为东扩，在 1990～2006 年期间向中东欧国家支付的总额为 940 亿美元，要高于 1947～1952 年马歇尔计划框架所提供的 850 亿美元援助额。在核心国家经济增长也低迷的情况下，为达成共识而再进行如此大规模的转移支付显然可行性不大。

当然，欧盟也存在着一些积极因素，比如高科技与中高科技型产业已成为欧盟经济增长的主要驱动力。虽然经历了金融和经济危机，欧盟的高技术制造业占比仍取得显著提升，在 2005 年第一季度至 2012 年第三季度期间，在工业总产出基本不变的情况下，高科技产出提高了 21%，中高科技产业提高了 7%，而中低端技术产业和低端技术产业分别萎缩了 5% 和 6%。并且高科技产业表现出了很好的抗危机性，在危机比较严重的 2008 年第一季度至 2009 年第二季度，工业产出下降了近 20%，而高科技产业下降不足 10%。其中制药产业（在高科技产业中占 40% 以上）和航空制造业（在高科技制造业中约占 12%）在危机期间保持稳定甚至

增长，起到了引领复苏的作用。这在一定程度上也反映出欧盟在高科技领域中的突出优势。

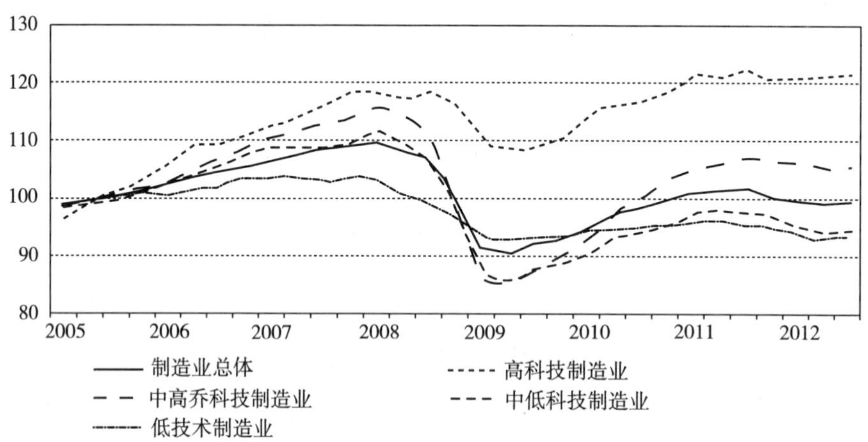

图8　欧盟27国制造业及各类型制造业产出指数（以2005年为100，经季节调整）

数据来源：Eurostat。

四、欧盟的主要政策目标与经济前景展望

（一）欧盟未来发展战略定位

“欧洲2020战略”体现了欧盟对未来发展的定位。该战略于2010年6月17日在欧盟夏季首脑会议上通过，是经历“里斯本战略”十年探索和国际金融经济危机后提出的未来十年发展规划。该战略提出了三大核心目标：①基于知识和创新的智能型增长；②实现资源效率型、绿色低碳发展的可持续增长；③更加关注经济、社会和地区聚合的包容性增长。围绕着三大目标，提出了五大量化指标：①将研发投入从占GDP的2%提高到3%；②将18～24岁人口的失学率从14.1%降至10%以下，将30～34岁人口中受过高等教育的比例从33.5%提高到40%以上；③将温

室气体排放在1990年基础上削减20%，将可再生能源比例提高至20%，将能效提高20%；④争取将20～64岁年龄段人群的就业率从现在的69%提高到75%；⑤根据各成员国贫困标准将欧盟贫困总人口削减25%，到2020年共减少贫困人口2000万人。

总体来看，欧盟的战略带有较强的务实性，淡化了经济增长指标，而更加关注于解决危机中遇到的实际问题及长远发展民众所关心的问题，比如失业率、贫困人口增加以及欧盟能源生产总量下降的风险（据初步估算，2020年欧盟能源生产总量可能降到世界第五位），从而提出了增加就业、减少贫困人口和低碳低能耗发展的目标，相对美国、韩国和日本，欧盟研发投入力度较低，面临创新能力落后、竞争力弱化威胁，因此提出了加大研发投入力度目标。

这些目标是在广泛征求公众意见的基础上制定的（从2009年11月24日至2010年1月15日，欧洲议会主要党团、欧洲商界、欧洲智库、非政府组织等从不同角度对“欧洲2020”战略草案提出修改意见），反映了主要问题和矛盾，当然这些也都是难题。

（二）制约其战略目标实现的因素和问题

1. 欧洲2020战略目标可能过于乐观

欧洲统计局数据显示，欧盟27国，2009年经济增长率为－4.3%，2010年即该战略获得通过时欧盟经济经历了快速反弹，增长率为2.1%，可能导致该战略在制定时偏于乐观，而到2011年增长率下降到1.5%，2012年预计为0.3%的负增长，欧元区国家衰退更大，为－0.4%。增长速度直到2014年才可能恢复到2011年水平。

2. 主权债务危机隐藏较大风险

救助希腊危机已使欧盟筋疲力尽，而意大利、西班牙又潜伏较大隐患，信贷、财政政策紧缩有可能导致经济面临更大困难。

3. 短期难以摆脱失业问题困扰

截至目前，欧盟的失业率指标还在持续上升，部分国家的失业率达到惊人地步，其风险已超越经济范畴。根据国际货币基金组织预测，直到2016年欧元区失业率也未现明显降低。人口结构老龄化进一步加大欧盟财政负担。

4. 经济困难背景下协调难度加大

在经济增长低迷、各国发展水平差距较大且大多数面临突出矛盾的情况下，无疑会加大欧盟层面协调难度，甚至存在倒退风险。比如在统一银行监管问题上，德国、荷兰与法国、西班牙就存在是财政纪律优先还是债务问题优先的分歧，英国甚至对财政一体化表示反对。2013年1月22日，德法领导人再次就推进欧洲一体化和反恐合作达成共识，次日，英国领导人就表示对之并不看好，并计划举行全民公投以决定是否退出欧盟。

5. 欧盟层面制定的计划和措施缺乏权威性和约束力

欧元区国家在1997年就签署了《稳定与增长公约》，规定了财政赤字和公共债务上限，危机爆发前，希腊、葡萄牙、爱尔兰和西班牙就已超限，2008年危机爆发后，包括核心国家德国和法国，几乎所有欧元区国家均已超限。

（三）欧盟经济发展的积极因素

欧盟技术基础雄厚，高科技产业发达，在国际标准制定中有较大话语权，如果能够很好地利用这些优势，加强与发展中国家及新兴经济体合作，将对其经济起到较大的促进作用。另外，在经济危机发生后，欧盟也采取了一系列改革措施，如能得到落实，其内部一体化将进一步深化，既有助于解决目前所面临的困难，又将有利于其长期发展。

（四）欧盟经济总体未来将呈现波动低速增长

根据国际货币基金组织预测，欧盟经济在2012年出现负增长后，经济将持续恢复，到2017年经济增速将与2010年的2.05%持平。鉴于欧盟制度存在缺陷，又面临高赤字高债务、高失业率问题、老龄化、高福利问题交织，欧盟经济中期摆脱困境的可能性不大。另一方面，作为欧盟核心国家的德国经济基本面很稳，制造和软件业发达，技术实力雄厚，增长速度在发达国家中还比较高。英国技术创新能力突出，文化创意产业发达。欧盟战略方向比较清晰，对维持欧盟与欧元的稳定存在共识，同时开始重视与新兴经济体的合作。从这些角度来看，欧洲经济陷入过度萧条的可能性也不大。我们认为，在未来十年，欧洲将处于问题解决探索和调整期，总体经济将呈现波动低速增长。

五、中欧经济关系的主要特点及其影响

（一）欧盟的对中国经济战略演变经历三个阶段

从我国1978年改革开放至今，欧盟的对华政策调整可大致划分三个阶段。

第一阶段双边关系表现出波动和反复。1995年之前，欧盟内部对中关系并未形成一致认识，主要靠德国以积极和现实的模式推进，这一阶段表现出欧对华态度不太稳定。1978年至1988年合作关系持续深入，1978年签署欧共体—中国贸易协定，1983年、1984年相继开展科学合作项目和商务管理培训及农村发展合作项目，1988年欧共体在北京设立代

表团。这种关系在1989年被打破，欧共体以政治风波为由开始制裁中国，直到1992年，双方关系恢复，开展环境对话，1993年至1994年分别参与联合国粮食计划署的对华援助和在中国开始一个投资银行项目。

第二个阶段以双边合作扩大深化为主旋律。以1995年《中国—欧洲关系长期政策》战略文件通过为标志，中欧关系不仅在经济，而且在政治和安全领域都得到发展。而且该文件与其后发表的有关建立全面伙伴关系（1998）、批准欧盟对华战略（2001）、公布欧中关系的共同利益和挑战等一系列重要声明之间存在逻辑连贯性。

第三阶段进入战略竞争与合作并存时期。以欧盟发表的两个政策文件为标志：《中国—欧洲：更紧密的伙伴，更多的责任》与《竞争与伙伴关系：欧盟—中国贸易和投资政策》，这些文件对过去的交往与合作文件进行了肯定，又提出了新的内容，除提及建立更紧密经贸关系促进双赢外，还对中国提出了质疑和要求：中国市场进入的贸易壁垒问题、第二、三产业投资限制以及对欧洲企业的歧视。

金融危机后，双方高层互访增多，政府、议会、政党与商业企业往来频繁，双方合作的基础和框架得到了进一步巩固。

（二）中欧经贸关系密切，双边投资尚有较大上升空间

据WTO数据：2007年至2011年一直是我国最大出口市场，占比最高的2008年达到24.6%；据海关数据：2012年因欧盟受债务危机的影响，我国对其出口有所下降，为3349.9亿美元，占我国总出口的16.3%，为以0.9个百分点的差距排在美国之后，沦为我国第二大出口市场。

2001~2010年，欧盟一直是我国第二大进口来源地，最近两年超过日本成为我国第一大进口来源地，1/10以上的进口来源于欧盟。

中国也是欧盟比较重要的贸易伙伴，欧盟对中国的出口从2009年开始超过对俄罗斯出口，中国成为居美国之后的第二大欧盟出口市场，占欧盟总出口的8.8%，约为排在第一位美国所占份额的一半。2005~2011年期间，欧盟对中国出口平均增度达到24%，在主要经济体中是增长最快的。中国是欧盟最大的进口贸易伙伴，2011年从中国进口额占欧盟总进口的17.2%，比排在二、三位的俄罗斯、美国分别高出5.6和6.4个百分点，并且2005~2011年期间，从中国进口平均增速达到15%，在所有主要经济体中也是最高的。

双边直接投资规模并不大。2008~2010年期间，欧盟27国对我国直接投资仅占其对外直接投资额的2.4%，不及另外两个金砖国家俄罗斯（5.4%）、巴西（4.8%）的一半（数据来源：欧洲统计局）。2012年对我国投资为61.07亿美元，约占我国当年实际利用外资的6.4%。但在金融危机后出现了明显的结构变化，此前一般仅有德国进入对华投资前十位，但在危机后，英国、法国、荷兰等国也开始出现在对华投资前十位行列。2011年中国对欧直接投资只占中国对外投资总量的5%，这与欧盟占世界GDP20%的比重不相称，另一方面也反映出中国对欧盟投资尚有较大空间。

（三）中欧经济关系可能存在的冲突与摩擦

中欧之间也有很多利益共同点，互为重要贸易伙伴，产业存在较大的互补性，在政治经济格局多极化发展中立场一致。在加强双边合作、参与全球、地区事务中加强政策协调，仍然具有较大空间。

中欧经济关系虽然变得越来越密切，但随着对比力量的变化，以下几方面的问题值得关注。

1. 技术竞争和知识产权保护冲突将常态化

欧盟是中国最大的技术来源国，危机期间，中国仍有30%的技术转让来自欧洲。在降低我国对美、日技术依赖方面欧盟发挥了较大作用。但随着我国对自主创新的重视、对研发投入力度的加大以及创新能力的提升，欧盟对中国在高新技术产业和新兴技术领域的“赶超”心存忧虑，在知识产权保护、技术转让及中国企业并购欧盟高科技企业方面提出较为苛刻的要求。

2. 贸易平衡问题仍将制约双边关系的可持续性

自1992年中国对欧实现贸易顺差以来，欧盟就开始在贸易平衡问题上向中国施压。金融危机后，对欧贸易顺差有所下降，人民币对欧元实际汇率大幅升值也在一定程度上缓解了矛盾。但在2012年，我国对欧盟顺差依然有1219.3亿美元，约占我国顺差的52.8%，仍是欧盟最大的逆差来源国，是欧盟逆差第二来源国俄罗斯的1.67倍。如此“突出”的地位，仍将是欧盟实施“双反”和其他贸易壁垒措施关注的主要对象。

3. 欧盟对我国扩大市场开放和承担国际义务的要价提高

比如欧盟质疑我国对WTO承诺执行不足，在环境、社会保障、货币、自然资源以及知识产权保护和技术转移等方面的政策缺乏透明性和公平性，社会、环保以及劳动条件等标准过低，对欧盟构成了不公平竞争威胁。欧盟不愿再将中国视为发展中国家，要求中国更多地向欧盟“开放市场”，在能源安全、气候变化、环境保护等全球性议题上督促中国承担更多责任。

罗雨泽

罗雨泽，国务院发展研究中心对外经济研究部研究室副主任，副研究员。

专题九

日本经济主要特点分析与前景展望

自20世纪90年代泡沫经济破灭以来，日本长期面临严重的通货紧缩问题，实体经济增长停滞，产业竞争力逐步弱化，世界经济大国地位不断下滑。尤其是近年来，受国际金融危机、特大地震海啸、核泄露危机以及对华关系恶化等事件的冲击，人们对日本经济的未来前景普遍趋于悲观。在这一背景下，客观分析日本经济的优势和劣势，把握日本的政策走向、经济前景及其对中日经济关系的影响。对于我们研究对日经济政策和策略，抢抓更多的发展机遇具有重要的意义。

一、日本经济的基本概况及其国际比较

和主要发达国家相比，日本经济具有以下一些突出特点。

（一）近20年来国内实体经济增长接近停滞状态

20世纪60～80年代，是日本经济的快速增长时期。日本在这三个十年期间GDP年均实际增长率分别达到10.2%、4.4%和4.6%，人均GDP

提高到2万美元以上；成功跨入了发达国家的行列，并成为仅次于美国的世界第二大经济体。但在80年代积累的巨大经济泡沫破灭之后，20世纪90年代以来的20多年中，日本陷入了长期持续的经济低迷，被称之为“失去的二十年”。统计显示，1991～2011年，日本的实际年均经济增长率仅为0.9%；其中1991～2000年、2001～2010年期间分别达到1.1%和0.8%。由于其间伴随着长期持续的通货紧缩，以日元现价计算的GDP20年中几乎没有变化，累计增长仅为5.8%。根据世界银行统计，近20多年来，在发达经济体中，日本的实际增长率是最低的，只是在2001～2010年期间略好于意大利。不仅如此，日本同期的经济增长率还低于全球平均水平。

国际金融危机爆发后，日本的经济衰退程度远大于全球平均和主要发达国家，尽管2010年的反弹较为强劲，但进入2011年后，由于“3·11”大地震以及由此带来的海啸、核泄漏危机的影响，日本经济遭受重创，全年再度出现负增长。2012年，日本经济存在“灾后重建”需求拉动的利好因素，1季度，GDP实现连续3个季度的环比增长，实际增长率达到了5.7%的较高水平。但是由于欧债危机和全球经济放缓、非法购买钓鱼岛事件严重损害了中日经济关系等因素的影响，2～3季度出现连续两个季度的环比下降，尤其是3季度下降幅度高达3.5%，与货物和服务出口下降18.9%有着直接的关系。预计日本全年仅能达到2%左右的较低增长水平。

表1　日本的经济增长

年份	名义增长率（%）		实际增长率（%）	
	累计	年均	累计	年均
1961～1970	358.1	16.4	163	10.2
1971～1980	227.5	12.6	54.4	4.4
1981～1990	82.3	6.2	57.4	4.6

续表

年份	名义增长率（%）		实际增长率（%）	
	累计	年均	累计	年均
1991～2000	15.1	1.4	11.9	1.1
2001～2010	-5.5	-0.6	7.8	0.8
1991～2011	5.8	0.3	19.8	0.9
2007	1.2	1.2	2.2	2.2
2008	-2.3	-2.3	-1	-1
2009	-6	-6	-5.5	-5.5
2010	2.3	2.3	4.4	4.4
2011	-2.8	-2.8	-0.7	-0.7

资料来源：日本内阁府《2012年版日本财政经济白皮书》。

表2　日本与主要发达国家经济增长率比较（%）

年份	世界	日本	美国	德国	法国	英国	意大利	加拿大	澳大利亚
1991～2011	2.7	0.9	2.5	1.5	1.5	2.1	1	2.4	3.1
1991～2000	2.9	1.1	3.4	1.9	2	2.5	1.6	2.9	3.3
2001～2010	2.5	0.7	1.6	1	1.1	1.8	0.4	1.9	3.1
2007	4	2.2	1.9	3.3	2.3	3.6	1.7	2.2	3.8
2008	1.3	-1	-0.4	1.1	-0.1	-1	-1.2	0.7	3.8
2009	-2.2	-5.5	-3.5	-5.1	-3.2	-4	-5.5	-2.8	1.4
2010	4.3	4.4	3	4.2	1.7	1.8	1.8	3.2	2.3
2011	2.7	-0.7	1.7	3	1.7	0.8	0.4	2.5	1.9

资料来源：世界银行数据库。

（二）长期保持的全球第二经济大国地位已经失去

在经济快速增长阶段，日本的经济总量不断上升，全球经济大国的地位基本确立。按照当年价格计算，日本的国内生产总值1972年达到3130亿美元，首次超过德国成为仅次于美国的全球第二大经济体，并将这一位置一直保持到2009年。2011年日本的GDP占全球比重达到

8.39%，比1960年提高了5.13个百分点，在发达国家中仍然居第二位，但已经低于中国2个百分点。1993~1995年期间按照现价美元计算的日本GDP，占全球比重曾经上升到18%左右的历史最高水平，主要受日元对美元大幅度升值因素的影响。

表3　　　　日本与主要发达国家GDP占全球比重（%）

年份	日本	美国	澳大利亚	德国	法国	英国	意大利	加拿大
1960	3.3	38.3	1.4	0	4.6	5.3	3	3
1970	7.2	35.2	1.4	7.2	5	4.3	3.8	3
1980	9.9	25.2	1.4	8.4	6.3	4.9	4.2	2.4
1990	14.1	26.1	1.4	7.8	5.6	4.6	5.2	2.7
2000	14.6	30.7	1.3	5.9	4.1	4.6	3.4	2.2
2010	8.7	22.8	1.8	5.2	4	3.6	3.2	2.5
2011	8.4	21.4	2	5.1	4	3.5	3.1	2.5

资料来源：世界银行数据库。

日本的产业结构和其他发达国家相同，农业和制造业增加值在GDP中的比重逐步降低，服务业增加值比重持续上升。2011年，服务业比重达到71%，比1980年前提高了13个百分点。说明日本早已进入了后工业化阶段，服务业成为其国内经济的最大支柱产业。同期，日本制造业所占份额由27.2%下降到19.5%，虽然低于德国，但与美国，英国等主要发达国家相比仍然保持了较大份额，甚至大于全球平均水平。这表明，制造业在日本经济中具有较为重要的地位和实际影响力，为日本长期保持较大贸易顺差提供了可能性。

表4　　　　日本主要增加值占GDP比重（%）

年份	农业	制造业	服务业	其他
1980	3.1	27.2	57.9	11.8
1985	2.7	27.2	59.5	10.6
1990	2.1	25.6	60.4	11.9
1995	1.6	22.4	65.4	10.6

续表

年份	农业	制造业	服务业	其他
2000	1.5	21.4	67.4	9.7
2005	1.2	19.9	70.7	8.2
2010	1.2	19.5	71.5	7.8

资料来源：世界银行数据库。

（三）持续提升人均 GDP 水平的难度明显加大

人均 GDP 是反映一个国家经济发展阶段和民生水平的重要指标之一。根据世行的美元现价统计，日本人均 GDP 在 1981 年首次突破 1 万美元大关；1987 年跨越 2 万美元；1992 年达到 3 万美元以上；2010 年超过 4 万美元。其中，从 3 万美元到 4 万美元之间花费了长达 18 年的时间，2010 年前后的上升和日元升值存在一定因果关系。2011 年，日本的人均 GDP 相当于全球平均水平的 4.6 倍，比 1860 年扩大了 3.5 倍，在主要发达经济体中居中等水平。总体来看，日本早在 80 年代初即成功跨越中等收入陷阱，经济发展水平迅速提升，进入发达国家行列，成为全球最有影响力的经济大国之一。但在 90 年代以后，由于泡沫经济崩溃的影响，日本经济陷入了长期低迷，人均 GDP 增长显著放缓，民生水平难以继续提升。这种现象可以看做是日本已经跌入了“高收入陷阱”。

表 5　　日本和主要发达国家的人均 GDP　　单位：美元/人

年份	世界	日本	美国	澳大利亚	德国	法国	英国	意大利	加拿大
1960	447	479	2880	1810		1340	1380	804	2290
1970	785	2000	5000	3300	2670	2820	2240	2030	4050
1980	2480	9310	12200	10200	11700	12500	9620	8150	10900
1990	4150	25100	23000	18300	21600	21300	17700	20100	21000
2000	5280	37300	35100	21700	22900	21800	25100	19400	23600
2010	9170	43100	46600	51100	40200	39200	36300	33800	46200
2011	10000	45900	48100	61000	44100	42400	39000	36100	50300

资料来源：世界银行数据库。

（四）发达经济体中少有的贸易强势仍在发挥作用

日本长期坚持“贸易立国”的发展战略，把扩大出口作为带动国内经济增长的主要动力之一，尤其是在进入21世纪以来的10多年中，为了摆脱泡沫经济破灭后长期低迷的经济困境，鼓励企业开拓新兴市场的政策导向明显加强。与此同时，由于日本矿产资源有限，能源和重要矿产资源严重依赖于进口，近10年来国际大宗商品价格总体节节攀升的背景下，进口金额增长加快，对外贸易规模进一步扩大。世界银行统计显示，2000年日本的贸易依存度超过了20%，随后的上升趋势进一步加快，2011年达到31.4%的较高水平。在主要发达国家中，日本的贸易依存度属于较低水平，与美国十分接近，但与德、英、法、意、澳等差距较大。这和日本的人口、经济规模远大于上述五国有着直接的关系，符合大国经济的一般性特征。

2000年以来，受不同国家经济增长水平的影响，日本对主要市场的出口增长形势存在较大差异。到2011年为止，日本出口年均增长速度达到5.1%，但面向欧美等发达国家的出口出现下降或低速增长；对东盟、中国等新兴经济体的增长较快。美国曾经是日本的第一大出口市场，但目前这一位置已经被中国所取代，日本面向东盟出口的份额则有明显上升。日本的第一大进口来源地是中国，美国居第二位。

日本的对外贸易竞争优势在发达经济体中十分突出，主要表现在经常收支长期保持顺差等方面。1990～2010年期间，日本的经常收支顺差占GDP的比重持续上升。这在发达经济体中是少有的。2011年日本由于福岛核泄漏的影响，核电站停止运转导致化石燃料进口急剧增加；出口受到大地震、海啸以及核泄漏影响下降，使得当年贸易顺差有所减少，但仍然相当于全年GDP的2.03%。总体来看，除了德国之外，日本的经常收支盈余明显好于主要发达国家，为稳定国内总需求增长发挥了较大作用。

表 6　日本与主要发达国家的贸易依存度

		日本	美国	德国	法国	英国	意大利	加拿大	澳大利亚
贸易额/GDP（%）	1990	19.7	20.6	49.7	43.9	50	37.8	51.5	32.2
	1995	16.7	23.4	46.9	44.4	56.6	47.6	71.5	37.7
	2000	20.3	25.9	66.5	56.6	57.3	52.6	85.4	40.8
	2005	27.2	26.5	77.4	53.4	56.7	51.8	71.9	38.8
	2010	29.2	29.1	88.4	53.3	63.2	55.1	60.7	39.6
	2011	31.4	31.7	95.3	56.7	66.6	59.2	63.6	41.1
经常收支/GDP（%）	1990	1.42	-1.37	2.71	-0.8	-3.83	-1.45	-3.39	-5.12
	1995	2.08	-1.55	-1.19	0.69	-1.16	2.22	-0.73	-5.23
	2000	2.53	-4.21	-1.72	1.48	-2.63	-0.52	2.71	-3.55
	2005	3.63	-5.94	5.07	-0.48	-2.59	-1.67	1.92	-5.93
	2010	3.72	-3.27	6.11	-1.56	-3.33	-3.56	-3.13	-2.81
	2011	2.03	-3.16	5.63	-1.96	-1.9	-3.07	-2.83	

表 7　日本的主要出口市场

	2000～2011 年日本出口年均增长（%）	占日本全部出口比重（%）		
		2000	2011	增减
美国	-1.1	30.1	15.5	-14.6
欧盟	1.6	16.8	11.6	-5.2
东盟	9.5	9.5	14.9	5.4
中国	16.4	6.3	19.6	13.3
世界	5.1	100	100	0

（五）国内企业“走出去”投资增长强劲

20 世纪 80 年代以前，日本长期实行限制国际资本流入的管理政策，进入日本国内的外国直接投资规模十分有限。1984 年全面实行资本流动自由化政策以后，跨国公司对日投资才开始逐步增加。尤其是进入 21 世纪后，为了改变经济长期低迷的被动局面，日本政府采取了积极的外商投资促进政策，加大了招商引资力度。2011 年，日本吸引外国直接投资存量达到2260 亿美元，比 1990 年增加了 21.6 倍，年均增速达到 16.0%，是同期主要发达国家中增长最快的。这与日本的基数较小有着直接的关系。从 2011 年的外资存量规模来看，日本在主要发达国家中是最小的，甚至不到澳大利亚的一半；占全球吸收外资存量的比重仅为 1.1%，相当于美国的 1/15 和德国的 1/3。长期以来，国际上对日本面向国外资本的开放程度较低等问题普遍持批评态度，实际上除了日本国内产业界的排外倾向等“无形”壁垒之外，高昂的劳动力成本和物价水平也曾经是制约外资进入日本的主要影响因素之一。

日本企业为了获取资源和转移落后产能，早在 20 世纪 70 年代就开始对东南亚等地发展中国家进行大规模投资。根据世行统计，截至 1990 年底，日本对外直接投资存量已经达到了 2010 亿美元的规模，以后仍在继续增加，2011 年底已接近 1 万亿美元。和主要发达国家相比，日本的对外投资规模并不十分突出，明显小于美、英、法、德等主要发达国家，仅占全球对外直接投资存量的 4.5%。但从对外投资存量与吸引外资存量比来看，达到 4.25 倍，在发达国家中是最高的。美国和德国分别只有 1.28 倍和 2.02 倍。日本的跨境直接投资带有明显的外向型特征，面向海外的产业转移和“走出去”投资更受到企业的重视。

表 9　　流入日本的外国直接投资存量

	吸引外国直接投资存量（亿美元）						1990～2011 年期间	
	1990	1995	2000	2005	2010	2011	累计增长（倍）	年均增长（%）
世界	20810	34380	74500	1130	199070	204380	8.8	11.5
发达国家	15640	25790	56540	85770	128910	130560	7.3	10.6
日本	100	340	500	1010	2150	2260	21.6	16

续表

	吸引外国直接投资存量（亿美元）						1990～2011 年期间	
	1990	1995	2000	2005	2010	2011	累计增长（倍）	年均增长（%）
美国	5400	10060	27830	28180	33970	35090	5.5	9.3
法国	980	2370	3910	8890	10460	9640	8.8	11.5
德国	1110	1660	2720	4760	6980	7140	5.4	9.3
英国	2040	2000	4390	8410	11630	11990	4.9	8.8
澳大利亚	800	1110	1190	2420	4970	5000	5.3	9.1

资料来源：日本贸易振兴机构网站（www.jetro.go.jp）。

表 10　日本对外直接投资存量

	对外直接投资存量（亿美元）						1990～2011 年期间	
	1990	1995	2000	2005	2010	2011	累计增长（倍）	年均增长（%）
世界	20930	37900	795300	124650	208650	211680	9.1	11.6
发达国家	19470	34570	70740	1095200	171450	170560	7.8	10.9
日本	2010	2380	2780	3870	8310	9630	3.8	7.7
美国	7320	13640	26940	36380	47670	45000	5.1	9
法国	1120	3800	9260	12320	15800	13730	11.3	12.7
德国	1520	2680	5420	9270	14360	14420	8.5	11.3
英国	2290	3050	8980	11990	16270	17310	6.6	10.1
澳大利亚	380	600	960	2090	4030	3850	9.1	11.7

资料来源：日本贸易振兴机构网站（www.jetro.go.jp）。

二、日本经济的主要优势

（一）节能环保技术居全球领先水平

日本是一个自然资源十分匮乏的国家，经济发展所需要的能源和主要矿产资源基本上依赖于进口。根据世界银行统计，1990 年日本能源净进口占能源消耗总量的比重高达 82.9%，以后基本保持在 80% 以上的水平。尤其是从 2011 年来看，在主要发达国家中居首位。出于能源供给稳定和环保需要，日本曾大力发展核电站，2010 年之前，核电成为十分重要的电力供给来源，最高时占到全部电力消费量的 30% 以上；可再生能源和核电消耗相当于全部能源消耗总量的近两成。2011 年 3 月 11 日东日本大地震引发的核泄漏事故造成了极其严重的核污染。受其影响，日本临时关闭了所有核电站进行技术和安全性评估，不得不大量进口化石燃料弥补能源供给缺口，导致当年电力供给紧张、贸易顺差急剧减少和可再生及核电能源比重显著下降等严重后果。由于这一原因，2011 年日本的能源净进口依存度比 2010 年明显提高，今后日本的能源净进口依存度存在继续上升的可能性。

在对外能源依存度较高的背景下，国内经济发展容易受到国际能源市场供求关系和价格波动的影响。先后发生在 20 世纪 70 年代、80 年代初的两次全球石油危机，曾经对当时的日本经济造成了巨大打击，带来了大批企业倒闭、生产停滞、失业率急剧上升、物价暴涨的严重后果。惨痛教训和维护生产稳定、适应国内严格环保标砖的需要形成倒逼机制，70 年代以来，日本企业普遍开展了节能和环保技术研发和生产转型，使得国内生产的能源利用效率持续提高。日本企业开始拥有全球领先的节能环保技术和产品，国际竞争力明显提高。2011 年日本的能源强度（单位 GDP（以 2005 年不变价 PPP 美元计算）能源消耗量（千克石油当量））分别比 1990、2000 年降低了 12.7% 和 17.4%，比 2010 年降低了 7.1%。同期，日本人均能源消费量比 2000、2010 年分别减少了 12.5% 和 8.2%。

表 11　日本的能源指标

	1990	2000	2010	2011	2011 年比各年增减		
					1990	2000	2010
能源净进口依存度（%）	82.9	79.6	80.5	89.6	6.7	10	9.1
可再生能源和核能比重（%）	14.4	18.4	17.3	8.12	-6.28	-10.28	-9.18
能源强度（千克石油当量/2005 年不变价 PPP 美元）	0.134	0.142	0.126	0.117	-0.017	-0.025	-0.009
人均能源消耗（千克石油当量）	3560	4090	3900	3580	20	-510	-320

资料来源：世界银行数据库。

表 12　主要发达国家能源指标比较

	能源净进口依存度（%）	可再生能源和核能比重（%）	能源强度（千克石油当量/2005 年不变价 PPP 美元）	人均能源消耗（千克石油当量）
日本	89.6	8.1	0.117	3580
澳大利亚	-157	1.8	0.154	5300
韩国	82.4	15.4	0.188	5170
德国	59.1	11.9	0.109	3760
法国	45.8	48	0.129	3840
英国	31.3	10.5	0.092	3020
意大利	81.2	6.6	0.1	2720
加拿大	-59.7	22.6	0.208	7430
美国	18.6	12	0.166	7070

从国际比较来看，在主要发达国家中，英国和意大利的能源强度、人均能源消耗量低于日本，这和两国制造业在 GDP 中的比重明显低于日本等产业结构因素有着直接的关系。德国的能源效率与日本相近，美国、法国、澳大利亚、韩国的两项指标普遍高于日本，其中美国的能源强度、人均能源消耗量分别比日本高出四成和 1 倍。发展中国家由于受经济发展阶段、技术和资金等条件所限，在节能减排领域和发达国家之间存在

较大差距，如2010年中国的能源强度大约相当于日本的2.2倍。上述比较说明，日本的节能效率和技术在全球居领先水平。

（二）国内制造业仍然具有较强竞争优势

日本早在20世纪80年代初就已经进入了后工业化阶段，制造业在全部经济中的份额明显低于服务业。但是，日本为了长期保持本国商品的国际竞争力和稳定就业的需要，坚持制造业立国的发展战略，为制造业企业创造了较好的政策与创新环境。在90年代以来整体经济低迷的背景下，制造业实现了相对较好的发展态势。1991～2011年的20年中，日本经济年均实际增长速度仅为0.9%，在主要发达国家中属于最低水平。但是，同期制造业的年均实际增长速度略高于GDP，在主要发达国家中居偏上水平。20世纪90年代以来，经济全球化迅速发展，跨国公司的海外产业转移明显加快。受其影响，新兴经济体的制造业，国际竞争力明显提升，发达国家制造业普遍面临较大竞争压力，增长明显放缓。从实际增长态势来看，日本的制造业因此受到的冲击小于其他发达国家。统计显示，日本制造业增加值占GDP的比重2010年仍然达到19.5%，与德国十分接近，但明显高于美国等其他主要发达国家。

表13　日本制造业增加值增长

年份	日本	美国	德国	意大利	加拿大	澳大利亚
1991～2011	1.06		0.47	-0.11	1.03	1.07
1991～2000	0.83		0.6	1.4	4.11	1.27
2001～2010	1.3	1.51	0.33	-1.6	-1.96	0.87
2007	6.04	4.6	3.8	2.11	-2.1	1.93
2008	0.8	-6.28	-4.05	-4.75	-6.48	4.01
2009	-17.7	-9.65	-18.1	-16	-13.6	-5.93
2010	18.2	10.8	11.5	4.52	6.68	1.26

表 14　　日本和主要发达国家制造业增加值占 GDP 比重（%）

年份	世界	日本	美国	德国	英国	意大利	澳大利亚
1990		25.6		28.1	22.5	23.2	15.8
1995		22.4		22.6	21.2	22.1	15.1
2000	18.8	21.4	15.9	23.1	17.4	20.8	13.2
2005	17.4	19.9	14.2	22.9	13.2	18.4	11.8
2010	16.6	19.5	13.2	20.7	11.4	16.7	9.32

日本保持了机械设备制造大国地位。机械设备制造业是日本制造业中的主导产业，保持了较强国际实力。2011 年全球主要商品贸易统计显示，日本的运输设备、普通机械、精密机械和电气机械出口占全球的比重保持在 6% ~11% 之间，其中半导体制造设备、机床、数码相机等出口商品占全球份额超过 20% 以上。明显高于制造业商品 4.6% 的平均比重。食品、纺织品、杂项制品和矿物燃料等资源型、劳动密集型制造业产品在全球同类商品出口中的比重很低。

日本制造业在全球零部件供应中扮演着重要角色。汽车和 IT 产品的核心技术主要集中在零部件等产业链上游生产环节，主要被发达国家的跨国公司所控制。日本半导体、集成电路、汽车零部件等出口商品普遍占世界同类商品贸易量的一成左右，在全球汽车、IT 零部件供应链中具有十分重要的地位。2011 年日本大地震发生之后，由于大批日本企业暂时停产，曾经对相关产业的全球供应链造成冲击。日本制造业的海外产业转移主要集中在一些加工组装等中下游生产环节和非关键技术领域，这种模式有利于利用投资目的地的劳动力及其市场优势，提高最终产业的市场占有率，同时可以带动国内零部件出口，长期保持关键技术的领先地位。

表 15　　主要商品出口占全球的比重（%）

	日本	美国	欧盟 15	中国	东盟 4	四小龙
运输设备	10. 2	12. 2	40. 5	6. 2	1. 8	8. 6
普通机械	8. 3	9. 9	36. 9	17. 1	3. 4	10. 1
精密机械	8. 1	13. 9	32. 8	11. 2	2. 1	16. 7
电气机械	6	7. 4	21	20. 8	5. 3	25
塑料橡胶	5. 8	9. 4	36. 9	8. 5	8. 8	11. 8
贱金属	5. 8	6. 1	35. 2	10. 9	2. 6	7. 8
化学制品	4. 5	9. 9	44. 2	6. 9	4. 4	8. 4
杂项制品	1. 5	6. 5	30. 7	32. 8	3	6. 6
纺织品	1. 3	3. 8	23. 3	32. 2	3. 6	8. 7
矿物性燃料	0. 5	4. 4	13. 6	1. 1	4. 1	5. 1
食品	0. 4	9. 6	40. 2	4. 7	4. 6	2. 2
平均	4. 6	8. 2	29. 8	10. 6	3. 9	9. 5

表 16　　零部件出口在全球出口比重（%）

	日本	美国	欧盟 15	中国	东盟 4	四小龙
半导体制造机械	35. 2	17. 1	26. 6	1. 7	0. 5	14. 1
机床	28. 1	5. 4	34	4. 3	1. 2	15. 3
数码相机	20. 1	5. 1	18. 6	27. 6	7. 5	14. 7
摩托车	16. 7	6. 3	30. 4	29. 2	4. 6	3. 3
客车	13. 8	7. 6	47	0. 6	1. 2	6. 8
汽车	13. 2	8. 8	45. 2	1. 3	1. 7	6. 2
矿山建筑机械	11. 7	18. 1	35. 9	10. 5	2. 1	9. 4
汽车零部件	10. 7	11. 1	38. 8	5. 7	2. 4	7. 7
计量仪	10. 5	16. 2	35. 8	8. 9	3. 3	11. 1
电子管半导体	9. 6	6. 3	19. 6	27. 1	8. 8	23. 8
播放机	8. 8	5. 2	10. 4	18. 3	6. 5	38. 4
半导体及零部件	8. 1	8	10. 9	12. 5	9. 6	46. 6
集成电路	7. 7	8. 6	8. 1	7. 9	9. 9	53. 8
钢铁	7. 4	5. 7	37. 2	11. 9	1. 8	8. 8

（三）日本跨国投资企业为本国经济发展作出较大贡献

日本企业有效发挥资本和技术优势，不断加快海外产业转移，形成了覆盖全球的生产和营销网络，对于培育本国的跨国企业，充分利用海外的劳动和市场资源，促进国内产业结构转型升级、提升本国企业的国际化经营能力，带动零部件和设备出口产生了巨大影响。除此之外，日本企业海外直接投资还具有以下几个方面的积极作用。

跨国投资为日本提供了能源和重要资源的供给保障。日本是一个自然资源，尤其是石油和天然气等能源十分匮乏的国家，许多重要资源主要依赖于进口。通过对能源、矿产资源项目投资，获得必要的开发权益和产品销售份额，对于稳定资源供给，获得一定的定价权，并在国际市场价格波动的背景下利用买家和卖家的利益对冲机制保障商业利益具有积极作用。2010 年日本海外矿业投资存量达到 4.3 万亿日元，占全部投资存量的 6.3%。和 2005 年比，日本的矿业直接投资存量增长了 3.7 倍；占比也上升了 4.3 个百分点。说明近年来随着国际市场能源和矿产资源价格的不断上涨和争夺开发权的竞争进一步激化，日本企业明显加大了海外投资矿产资源的力度。

培育跨国企业促进了日本的国民收入增长。在境外投资企业的经营收益是一个国家海外净要素所得的重要组成部分，计入国民收入统计。国民收入增长与国内生产总值相比，和本国国民福祉之间的关联更为直接。作为对外直接投资大国，日本的海外企业创造了大量利润，为提高日本国民收入水平发挥了重要作用。根据日本的国民收入统计，1991 ~ 2011 年期间，日本的海外企业直接投资收益累计达 32.83 万亿日元，占国民总收入的 0.33%，相当于现价计算 GDP 的 0.45%。在同期名义 GDP 年均增长速度仅为 0.3% 的背景下，这一比例对日本国民收入增长的积极作用是不容忽略的。随着海外投资企业的大量增加，日本直接投资收益规模不断扩大。2001～2010年期间，净收益占国民总收入的比重比1991～2000年期间上升了0.44个百分点。2007年以后，这一比重已经提高到1%左右。

表17　　日本企业海外投资收益

年份	日本名义GDP（万亿日元）	日本名义国民收入（万亿日元）	日本海外企业直接投资收益		
			（万亿日元）	占GDP比重（%）	占国民收入比重（%）
1991～2010	9978.70	7359.40	32.83	0.45	0.33
1991～2000	4993.70	3703.30	8.5	0.23	0.17
2001～2010	4985.00	3656.10	24.33	0.67	0.49
2007	512.98	382.11	3.57	0.93	0.7
2008	501.2	366.9	3.81	1.04	0.76
2009	471.1	339.8	3.46	1.02	0.73
2010	481.8	347.5	2.85	0.82	0.59
2011	468.3		3.8		0.82

对外直接投资有利于平衡国际收支。日本的对外直接投资长期保持净流出趋势，成为资本收支长期逆差的主要来源之一。这对于降低经常收支长期顺差带来的国际收支失衡压力产生了重要作用。1991～2011年期间，日本对外直接投资净流出达到82.6万亿日元，相当于资本收支累计逆差额的43.2%，并抵消了27.3%的经常项目顺差。同期，经常项目顺差大约有三成转化为新增外汇储备。如果没有对外直接投资净流出的作用，外汇储备可能在原有基础上再增加88%左右，会进一步加大日元升值压力，超出了日本稳定货币政策及其日元汇率的承受能力。从不同阶段来看，2000～2010年期间，日本对外直接投资净流出在平衡国际收支方面的积极作用更为明显，日元汇率与其他时期相比也较为稳定。

表 18　投资收支与经常收支的比例关系

年份	资本收支/经常收支（%）	新增外汇储备/经常收支（%）	累计直接投资收支			
			（万亿日元）	占经常收支（%）	占资本收支（%）	占新增外汇储备（%）
1991～2011	-63.3	31.1	-82.6	-27.3	43.2	-87.8
1991～2000	-82.2	24.3	-23	-18.8	22.9	-77.5
2001～2010	-57	27.7	-50.9	-29.8	52.3	-107.5
2011	65.6	75.1	-8.7	-91.4	-139.3	-121.8

三、日本经济面临的困难和挑战

（一）面临严重的财政赤字和主权债务负担

20 世纪 90 年代初泡沫经济崩溃后，日本为了摆脱通货紧缩和经济低迷的困扰，不断推出经济刺激计划，长期实施扩张性宏观经济政策。但是在货币政策由于“流动性陷阱”严重失效的条件下，扩大公共投资、减税等扩张性财政政策成为刺激经济复苏的主要手段。更为重要的是，实体经济增长停滞带来的财税减收，进一步加剧了财政困难。日本的财政赤字规模持续扩大，主权债务负担迅速上升，已经达到了发达国家的最高水平。统计显示，日本 2012 年的财政赤字相当于 GDP 的 10.1%，政府债务占 GDP 的比重也超过了 220%。

（二）持续的日元升值和通货紧缩加大实体经济下行压力

出口是拉动日本经济增长的重要因素之一，但持续的日元升值会削弱日本的出口竞争力，加大经济下行压力。20 世纪 90 年代以来，日本出口波动与日元汇率变化存在一定因果关系，也对经济增长形势产生了直接影响。2008 年国际金融危机爆发后的 4 年中，由于美元走低等因素的影响，日元持续升值，从 2007 年 1 美元兑 117.8 日元，提高到 2011 年的 79.8 日元，累计升值幅度达 47.6%，在国际市场需求收缩的背景下，进一步加大了日本出口增长的难度和经济困难。日本海关统计显示，同期按日元计算的出口增长率除 2010 年之外，每年都是负增长。2012 年，日元汇率较上年贬值 3% 左右，但仍然高于 2008 年达 20% 以上；同年 1 ~ 11 月日本的出口下降 1.5%；其中从 6 月起出现连续 6 个月的负增长。

通货紧缩是日本经济面临的严峻考验之一。1990 年代初，日本泡沫经济破灭之后，通货紧缩成为长期困扰日本经济的一个严重问题。在通货紧缩条件下，由于市场价格水平持续低迷甚至下降，资产和产品销售价值不断缩水，投资者和生产企业的市场收益预期偏低，缺乏投资和生产扩张动力，将导致社会投资趋冷和国内生产下降。因此，物价水平持续下降对实体经济增长环境同样具有较大危害性。1994 ~ 2011 年期间，日本的消费者物价指数只有 2 年出现过略高于 1% 的上涨，6 年上涨幅度低于 1%，下降的年度则多达 10 个。尤其是从 2009 年起连续 3 年出现物价负增长，市场需求低迷的严峻形势可见一斑。

（三）能源战略调整面临艰难选择

长期以来日本的能源主要依赖于进口，为了加强能源供给保障、提高清洁能源利用率，大力发展核电曾经是日本能源战略的主要目标之一。核电在全部电力供给中的比重最高时已经上升到 30%。过去，由于核电存在的潜在风险，发展核电的安全性也曾经成为国内能源政策争论的焦点。但由于保障能源供给稳定的需要和对日本建造核电站安全性的信赖，并未对核电的持续发展进程产生太大影响。2011 年的强烈地震以及海啸引发的福岛核泄漏灾难，严重动摇了日本发展核电的信心。在日本政府首先暂停全国核反应堆运转之后，朝野开始围绕今后核电的存留问题开展大讨论，80%左右的人赞成到2020年彻底关闭所有的核电设施；企业界则提出了逐步减少、最终保留部分设施的建议。如果日本政府最终作出完全停止使用核电的决定，为了弥补巨大的电力缺口，不得不扩大火力发电规模、大量消耗化石燃料。这将给日本的能源进口和节能减排带来巨大压力。如何调整能源战略已经成为日本政府面临的重大挑战之一。

（四）人口总量下降和人口老龄化趋势压低潜在经济增长水平

由于长期低出生率带来的影响，日本已经进入了严重的人口老龄化时代，2011年65岁以上的老龄人口比重上升到23%，超过了意大利、德国20%和瑞典18%的水平，高居世界各国之首。根据日本厚生劳动省社会保障和人口问题研究所的预测，50年后，日本的人口老龄化将达到40%。另一方面，日本的总人口从2007年开始出现下降，2048年人口数量将会首次跌破1亿。根据日本总务省公布的数据，从1996年起，15岁到64岁的劳动年龄段人口数量已经开始下降，预计2060年，将减少到总人口一半左右（4400万人）。随着这一进程逐渐加快，工作年龄人口的人口扶养负担将明显上升，劳动力供给难以为继，社会劳动生产率下降压力逐步加大，严重制约日本的经济社会发展。

四、日本的主要政策取向与目标

为了改变经济长期低迷的严峻形势，日本政府近年来开始着手进行大幅度的结构调整，并推出一系列重大战略举措。2010年6月，日本民主党内阁通过并公布了《新增长战略》报告；2012年7月又基于应对东日本大地震严重冲击的需要对新增长战略做出部分调整，推出了《经济再生战略》，对未来 10 年日本经济社会发展和结构调整的目标、重要领域及其政策作出了全面规划。

（一）日本经济发展战略的主要特点

日本政府认为，导致近 20 年本国经济持续低迷的原因在于过去经济政策的两种路径依赖：一是主要依靠政府公共投资刺激经济增长的政策；二是过度依赖市场作用的供给方政策。前者在基础设施水平趋于饱和以及产业、社会结构不断变化的条件下，已经难以取得刺激经济的实际效果，相反带来了效率低下和公共债务沉重的严重后果。后者虽然有利于提高企业效率，但失业大军的迅速扩大和社会保障水平下降，带来了居民生活条件恶化，消费疲软和通货紧缩压力长期持续等严重问题。为此，日本政府提出“第三条道路”构想，即追求“强经济、强财政、强社会保障”的新增长战略。

新增长战略主要由能源环境、健康医疗、亚洲、地方经济与旅游振兴、科学技术与信息通信、就业与人才、金融等七大国家战略和 21 个具体项目构成。经济再生战略又将这些项目进一步细化，增加到 11 项增长战略和 38 个具体项目。

按照日本政府的说明，能源环境、健康医疗是发挥日本传统优势的增长领域，亚洲、地方经济和旅游振兴关系到新增长空间的开拓，科学技术与信息通信、就业与人才、金融等事关未来增长的重要平台建设。

（二）重视亚洲的国际经济战略及其目标

日本经济增长战略的一个显著特点就是“重视亚洲”，把加强与亚洲新兴市场国家的经济关系摆在了十分突出的位置上。“亚洲战略”具体包括五个方面的内容：一是扩大海外基础设施市场战略，即帮助本国企业利用长期积累的产品、技术、管理知识等优势，扩大日本企业在亚洲国家基础设施建设的市场份额。二是通过降低企业所得税率和其他激励措施，使日本重新恢复作为亚洲最重要的公司总部基地和研发基地的功能。三是培育全球化人才和扩大海外高素质人才引进；目标是海外人才引进数量倍增，日本海外留学和接收外国留学生数各达到 30 万人的规模。四是推进知识产权保护、标准化和魅力日本建设；目标在于主导国际标准的制定，强化日本企业的国际竞争力、扩大在亚洲内容产品市场上的占有率。五是推进区域经济合作战略；重点是在亚太经济合作组织框架下推进关于构筑亚洲太平洋自由贸易圈（FTAAP）的研究和讨论。

日本经济产业省公布的《产业结构展望 2010》报告，进一步明确了新增长战略框架下产业结构调整的战略性领域和政策导向。这些领域包括基础设施建设相关产业、环境保护和新能源产业、文化创意产业、医疗、健康服务产业、尖端技术产业，对于亚洲新兴市场需求都有很强的针对性。这表明，日本政府已将扩大面向亚洲地区的商品和服务出口作为未来 10 年本国经济增长与就业稳定的重要支撑，亚洲战略的核心目标就是开拓新兴市场。

（三）日本的制造业振兴战略

长期以来，日本始终把促进制造业稳定发展作为产业政策的重要目标，取得了一定效果。日本国内制造业在 GDP 中所占份额曾经长期保持在 20% 以上的发达经济体中较高水平。日本的出口依存度 2007 ~ 2008 年曾经连续两年达到 15.5%，创 1973 年以来的历史最高水平。

日本政府认为，随着日本企业海外转移的不断加快，将对日本国内制造业增长和就业稳定造成严峻挑战。另一方面，由于制造业的研发投入和出口占全国的九成左右，日本政府担心制造业下降会严重冲击本国技术创新和出口。为此，在日本的新增长战略和产业结构调整规划中，“制造业振兴”占有十分重要的战略地位。日本政府希望制造业发挥经济增长的引擎作用，并为本国制造业发展方向提出了两大目标。一是获得更多的新兴经济体市场空间和份额；二是加强作为高附加值产品、零部件研发和供给基地的传统优势。

日本政府提出了一系列促进“制造业振兴”的政策方向。一是对面向新兴市场的商品开发、生产体系调整、营销渠道开拓等给予必要支援；二是加强关于防止企业技术外溢、在全球推广日本标准、改善企业经营模式方面的政策指导；三是逐步降低企业所得税率，实行研究开发的鼓励性税收政策；三是制定适度的气候政策目标以避免对企业国际竞争力造成不利影响；四是通过推动技术研发和普及、重要资源优先分配，提供补助金等方式，加大战略性新兴产业发展的政策扶持力度。

（四）日本的 EPA 战略及其目标

日本从 21 世纪初开始大力推进 EPA 战略，与东亚主要经济体和区域外国家积极商签自由贸易协定，取得了较大进展。目前，日本已签署的经济伙伴协定（EPA）达到 13 个，涉及 16 个国家，覆盖了对外贸易额 30%左右的份额。目前，日本正在开展的谈判还有 10 个，其中包括中日韩三国 FTA、日本—欧盟 EPA、日本—加拿大 EOA 和日本—澳大利亚 EPA 等较大经济体之间的谈判。2011 年 11 月，日本政府宣布将加入美国主导的“跨太平洋经济伙伴协定（TPP）”的发起国谈判，目前正在与 11 个已有 TPP 成员进行事前双边磋商。作为 EPA 战略的重要目标之一，日本即将参加由东盟 10 国与中国、日本、韩国、澳大利亚、新西兰和印度共同启动的区域合作伙伴协定（RCEP）谈判。日本在推进自贸协定方面追求的是所谓高标准的贸易自由化，一般都会包含货物贸易、服务贸易、投资促进、知识产权保护、经济合作等广泛内容。但由于其本身在农业等部分领域开放方面面临国内反对势力的强大压力，实际的自由化程度和预定目标之间差距较大，在加入 TPP 谈判和推进中日韩自贸区、RCEP 谈判方面也存在较大困难和不确定性。

（五）日本的对华经济合作政策

中国是日本的重要市场和最大进口来源地，也是日本企业投资较为集中的国家。对华政策在日本的对外经济合作政策中占有重要的位置。中国改革开放初期，日本将中国视为产品输出的重要目标市场和初级产品来源地之一，对华经济合作政策的重点集中在以下三个方面：一是为中国的资源开发和基础设施建设提供政府援助；二是为中国的技术引进和设备进口提供买方优惠信贷；三是推进以改善投资环境为主要目标的投资合作。随着中国工业化进程的迅速推进，产业实力明显提升，日本对华经济合作政策重点逐步转向和市场规范、贸易便利化、环境保护等方面。一是加大知识产权保护、产品质量标准制定、执行等领域的合作；二是扩大日本节能环保技术出口与经验交流；三是推进金融和货币合作以适应宏观经济稳定和企业贸易、投资便利化的需要。近年来，随着中日两国经济规模发生逆转，日本企业在全球市场越来越多地面临中国企业的竞争压力，日本更多地把中国视为全球竞争对手。为了实现有效利用中国市场和抑制中国影响力的双重战略目标，一方面鼓励本国企业采取“中国 +1”的方式调整产业布局，降低投资风险；另一方面，加大知识产权和技术保护的执行力度，把共同打击侵权行为作为双边技术合作的基本条件。在贸易和投资自由化合作领域，日本设定了较高的标准，在双边场合要求中方提供投资的准入前国民待遇，进一步开放服务贸易和政府采购市场；在区域多边框架内希望借助其他大国的力量制衡中国的影响。

（六）自民党上台后的政策调整

2012年12月大选后，日本自民党重新执政。但是新内阁上台伊始，目前尚未提出新的经济发展规划和目标。根据该党竞选纲领和最近一段时期的表现来看，新内阁的经济政策和发展战略可能出现以下一些调整。一是在能源战略领域，民主党内阁曾经提出到2030年关闭日本全部核电站的设想。对此日本企业界存在不同看法，自民党曾经批评民主党的设想不负责任和不切实际。自民党具有与企业界关系密切的传统，新内阁的能源战略调整将更多倾向于企业界的意见，有可能提出部分保留核电的方案。二是短期宏观政策方面，自民党认为民主党在控制日元升值问题上缺乏作为，导致日本经济受到日元汇率升值因素的严重影响，新政府已经在要求央行诱导日元贬值方面不断施加压力，今后可能会实施力度更大的量化宽松和诱导日元贬值政策。三是在对外经济政策领域，自民党批评民主党在加入TPP谈判方面行动迟缓，坐失良机。虽然自民党本身对农产品市场开放持保守政策，但基于其所谓价值观外交政策和政治上更加依靠美国的战略需要，会在加入TPP谈判方面采取积极步骤；更加注重从谈判中争取到其他国家在农业问题上的让步；另外在东亚区域合作框架内，日本拉拢其他各方制衡中国的意图将日趋明显。四是在经济增长战略方面，自民党提出的目标是要让日本成为世界最适合企业活动的国家，在今后5年集中进行改革，废除各种妨碍企业活动的制度，同时放宽限制，把法人税下调到20%，实现名义国内生产总值（GDP）年增长3%以上。关于增长战略问题虽然与民主党制定的增长战略差别不大，但从改革的执行能力和决策经验上看，可能明显强于民主党内阁。

五、日本经济与中日经济关系前景展望

（一）日本经济前景展望

2010 年的新增长战略，2012 年 7 月的经济再生战略，以及目前自民党主张所提出的日本经济增长目标大致相同，主要内容是：在 2010 ~ 2020 年期间，使日本经济年均名义增长率达到 3%、实际增长率达到 2% 以上，失业率降低到 3% 以下，消费者物价指数保持 1% 左右的水平。

日本的中长期经济增长目标明显高于过去 20 年的实际增长水平。值得注意的是；在过去 20 年中，实际经济增长率超过 2% 的年度只有 4 个，分别是 1996 年、2000 年、2007 年和 2010 年。其中 2010 年是在受国际金融危机的冲击、上年度经济下降 5.5% 的背景下出现的反弹现象，并不具有普遍意义。其他 3 个年度都是在日元贬值、出口大幅度增长的条件下依靠外需增长，尤其是来自中国的需求增长带动的。但是在当前日本制造业海外产业转移进一步加快、产业空洞化日趋深化的条件下，依靠出口拉动经济增长的经济增长模式是不可持续的，难以取得预期效果。

中长期来看，日本制造业发展前景并不令人乐观。原因主要有以下几点：一是大地震带来的核泄漏事件，导致了日本对核电安全性的担心，并着手调整能源政策，降低对核电的依赖，日本企业，尤其是制造业企业普遍对未来电力供给的稳定性感到担忧。二是地震导致的供应链断裂给许多企业的全球生产体系造成较大冲击，日本是一个地震多发国家，权威机构已做出日本东海地区进入地震活跃期的预报，企业调整产业布局以确保供应链安全稳定的意向加强。三是日本已经推出到 2050 年碳排放减半的目标，制造业企业的国内生产碳排放将因此受到严格限制，成本也会明显上升，日本国内产品的国际竞争力将面临巨大挑战。四是近年来日本制造产品面临韩国等新兴工业化国家产品的巨大竞争压力。如韩国公司生产的轿车在欧美市场的份额已经逼近甚至超过日系汽车；日本的索尼、松下、日立、夏普等大型 IT 企业由于韩国企业 IT 产品的冲击，近年来普遍陷入严重亏损的困局。日本企业越来越深刻认识到，如果不能通过全球布局调整进一步降低成本、提高国际竞争力，将会面临日趋严峻的生存危机。由于上述原因，日本企业加快了海外转移步伐。根据日本财务省统计，2011 年，日本的对外直接投资金额比上年增长了 50.2%；海外投资净流出额扩大了 84.6%。其中对中国净流出同比增长了 61.5%，而且都是从 2011 年 3 月份起开始出现大幅度增长，大地震是一个重要的转折点。今后日本制造业对外投资仍然存在继续保持一定增长势头的可能性。

（二）中日经济关系前景展望

中国是日本最为重要的出口市场，双边贸易具有长期增长的潜力。根据日方统计，2011 年日本对华出口达到 1615 亿美元，比 2000 年增加了 4.3 倍，年均增长速度达到 16.4%，保持了在日本面向其他市场中十分少有的快速增长趋势。这一期间的日本对华出口具有以下几个突出特点。一是对华出口在日本出口中的重要性显著上升。2011 年对华出口占日本出口总额的 19.7%。这一比例比 2000 年提高 13.3 个百分点，也使中国连续多年保持了日本最大出口市场的地位。二是中国的进口成为近年来日本出口增长的主要源泉。根据日方统计，2000 ~ 2011 年，日本出口总额累计增长 70.7%，年均增长 5%；其中累计增量中的 38.5% 来自对华出口的贡献，年均增幅中 1.9 个百分点是对华出口增长带来的。三是日本制造的资本品对中国需求的依赖程度较大。日本对华出口总额中

90%是工业制成品，其中资本品（机械设备）占有近60%的份额，实际规模超过日本机械设备总出口的两成。日本对华资本品出口增长对日本同类商品出口增长的贡献率达到52%。这说明中国需求在拉动日本装备制造业增长中发挥着重要作用。总体来看，日本各类商品对华出口增速普遍高于同类商品的全部出口增速，在这些商品出口中的份额明显上升，其中机械设备出口带动了日本对华出口较快增长。以上情况表明，在中日保持良好双边关系的条件下，日本企业对华出口仍然具有长期较快增长的潜力。理由有以下几点：一是在城市化的带动下，中国经济今后10年仍然具有实现年均7%左右经济增长的潜力，进口需求将保持持续增长势头。二是随着中国经济发展水平的逐步提高，居民消费需求扩大、档次上升，对日本高档消费品进口需求会明显增加。三是在中国劳动力供给增长逐渐趋缓的背景下，单位劳动力的资本投入水平迅速上升，企业自动化生产的设备投入增加，将带动对日本产机械设备的进口需求的持续增长。

表19　　日本对华各商品出口增长及其贡献

	出口额（亿美元）		2000～2011年增长（%）		各商品出口占出口合计比重（%）			各商品增长对出口合计增长的影响	
	2000	2011	累计	年均	2000	2011	增减	贡献率（%）	拉动百分点
合计	304.3	1614.7	430.7	16.4	100	100	0	100	16.4
食品及其直接消费品	1.4	3.2	129.7	7.9	0.5	0.2	-0.3	0.1	0
工业原料	117.1	496.3	323.9	14	38.5	30.7	-7.7	28.9	4.1
初级原料	8	52.1	552.8	18.6	2.6	3.2	0.6	3.4	0.6
矿物燃料	2.4	22.9	854.2	22.8	0.8	1.4	0.6	1.6	0.4
化工产品	39.6	205.9	420.2	16.2	13	12.8	-0.3	12.7	2.1
金属	27.9	130.4	366.6	15	9.2	8.1	-1.1	7.8	1.2
纺织原料	24.7	31.8	28.5	2.3	8.1	2	-6.2	0.5	0
资本品	159.5	934.9	486.3	17.4	52.4	57.9	5.5	59.2	10.3

续表

	出口额（亿美元）		2000～2011年增长（%）		各商品出口占出口合计比重（%）			各商品增长对出口合计增长的影响	
	2000	2011	累计	年均	2000	2011	增减	贡献率（%）	拉动百分点
普通机械	59.5	390.8	556.3	18.7	19.6	24.2	4.6	25.3	4.7
电气机械	78.7	351.8	347.1	14.6	25.9	21.8	-4.1	20.8	3
运输设备	7.2	97.9	1263	26.8	2.4	6.1	3.7	6.9	1.9
非耐用消费品	2.5	10.4	311.4	13.7	0.8	0.6	-0.2	0.6	0.1
纺织制品	1.5	1.9	21.2	1.8	0.5	0.1	-0.4	0	0
耐用消费品	14.2	99.3	597.3	19.3	4.7	6.2	1.5	6.5	1.3
家庭用品	0.1	1.7	1298.1	27.1	0	0.1	0.1	0.1	0
家用电器	0.6	1.9	203.4	10.6	0.2	0.1	-0.1	0.1	0
家庭汽车	4.2	61.6	1365	27.6	1.4	3.8	2.4	4.4	1.2
玩具	3.7	8.9	140.5	8.3	1.2	0.6	-0.7	0.4	0
其他	9.6	70.7	637.9	19.9	3.1	4.4	1.2	4.7	0.9

资料来源：根据日本财务省贸易统计计算。

表20　日本对华出口对全部出口增长的贡献

	2000～2011年全部出口增长（%）		对华出口占同类商品全部出口比重（%）			对华出口对同类商品全部出口增长的影响	
	累计	年均	2000	2011	增减	贡献率（%）	拉动百分点
合计	70.7	5	6.3	19.7	13.3	38.5	1.9
食品及其直接消费品	114	7.2	7.1	7.6	0.5	8.1	0.6
工业原料	152.1	8.8	14	23.6	9.6	29.9	2.6
初级原料	275.1	12.8	25.2	43.9	18.7	50.6	6.5
矿物燃料	839.4	22.6	13.8	14	0.2	14.1	3.2
化工产品	138.5	8.2	11.5	25	13.5	34.7	2.9
金属	211.5	10.9	13.9	20.8	6.9	24.1	2.6
纺织原料	13.9	1.2	36.9	41.7	4.7	75.7	0.9
资本品	51.1	3.8	5.5	21.4	15.9	52.5	2
普通机械	67.1	4.8	5.8	22.6	16.8	47.7	2.3

续表

	2000~2011年全部出口增长（%）		对华出口占同类商品全部出口比重（%）			对华出口对同类商品全部出口增长的影响	
	累计	年均	2000	2011	增减	贡献率（%）	拉动百分点
电气机械	17	1.4	6.8	25.8	19.1	137.8	2
运输设备	127.2	7.7	1.8	10.7	8.9	17.6	1.4
非耐用消费品	50.2	3.8	7	19.1	12.2	43.4	1.6
纺织制品	10.7	0.9	19.7	21.5	1.9	38.9	0.4
耐用消费品	35.1	2.8	1.7	8.8	7.1	28.9	0.8
家庭用品	21.8	1.8	2	22.5	20.5	116.6	2.1
家用电器	-44	-5.1	2.7	14.6	11.9	-12.5	0.6
家庭汽车	53	3.9	0.7	7.1	6.3	19	0.7
玩具	-42.1	-4.9	3.1	13	9.9	-10.4	0.5
其他	173.8	9.6	5.2	14	8.8	19.1	1.8

资料来源：根据日本财务省贸易统计计算。

日本企业对华直接投资在日本企业海外布局中的重要性有可能继续提升。根据日本财务省统计，截至2010年末，日本企业对外投资存量达到67.7万亿日元，比2005年末增加了48.4%。其中面向中国的投资存量同期增长了87.1%，在日本全部投资存量中的比重由2005年的6.4%提高到8%。可见近年来，中国作为日本对外投资主要目的地之一，重要性进一步提高。分产业看，2005~2010年期间，日本制造业对外投资存量仅增长了14.9%，但是对华投资存量增长达73.5%，增幅超过平均水平近60个百分点；此外，对华制造业投资存量在全部对外投资存量中的比重也由8.1%提高到12.3%。这说明中国在日本制造业海外转移中处于十分重要的地位。在日本制造业面临国内生存压力加快海外转移的背景下，面向中国的投资仍然具有继续增加的可能性。

表 21　　日本对外直接投资存量结构及其变化

	年末对外投资存量（亿日元）				中国占比（%）		累计增长（%）	
	2005		2010					
	中国	世界	中国	世界	2005	2010	中国	世界
合计	28965	456054	54187	676911	6.4	8	87.1	48.4
制造业	22208	272895	38526	313602	8.1	12.3	73.5	14.9
非制造业	6757	183159	15660	363309	3.7	4.3	131.8	98.4
农业	5	755	0	844	0.6	0	-100	11.9
矿业	5	9154	0	42691	0.1	0	-100	366.4
建筑业	16	779	64	2098	2.1	3	287.5	169.4
运输业	162	3061	293	8325	5.3	3.5	80.7	172
通信业	211	5351	198	17766	3.9	1.1	-6.4	232
商业	3423	50232	7045	94544	6.8	7.5	105.8	88.2
金融保险	1614	78467	5020	158683	2.1	3.2	211	102.2
房地产	501	7838	1447	6811	6.4	21.2	188.9	-13.1
服务业	208	15745	858	13024	1.3	6.6	312.8	-17.3

资料来源：日本财务省《对外投资统计》。

（三）日本非法购岛事件对中日经济关系的影响

中日互为重要贸易伙伴，双边经济关系在促进两国经济发展和世界经济稳定中的作用十分突出。但是，日本非法购岛严重破坏了中日经济合作的基础，对双边贸易和投资往来将造成较大冲击。首先，部分中国民众和企业拒买日本产品的行动有可能长期化，日方同样可能出现类似倾向，导致双边贸易增长放缓甚至出现下降。根据日方统计，2012 年 1～8 月，日本对华出口下降了 7.1%；但在发生非法购岛事件之后的 9～11 月，对华出口下降幅度扩大到了 15.4%；对华出口在日本对外出口中的比重也下降了 0.5 个百分点。1～8 月，日本全部出口增长 1.7%，但 9～11 月的三个月期间下降了 9.3%，其中 3 个百分点是由于对华出口下降造成的。仅此一项，日本国内企业 3 个月减少了 63.9 亿美元的销售收入。另外，日本从中国进口增长速度也由 1～8 月份的 4.8% 回落至 2%。根据中方统计，2012 年中国对日进口下降 8.6%，出口增长 2.3%；其中 9～12 月进口下降 13.6%，出口下降 2%。说明中国对日贸易也因日本非法购岛事件受到影响。其次，由于企业对双边关系长期恶化的担心，为了降低风险可能撤资或减少投资，造成相互投资下降。目前中国对日投资规模有限，受到影响的将主要是日本对华直接投资。根据日本财务省统计，2012 年 1～8 月，日本对华直接投资净流出同比增长 16.1%，9～11 月同比下降 5.1%，特别是 10 月、11 月连续两个月出现下降。由于投资影响存在一定滞后期，随着时间推移，下降幅度有可能进一步扩大，也不能排除长期化的可能性。此外，中日之间的相互旅游收入等其他服务贸易也受到了不同程度的影响。

（四）钓鱼岛争端长期化对中国经济的影响与对策

日本政府很有可能在钓鱼岛问题上长期坚持顽固立场和非法行径，中日经济关系受到的不利影响存在长期化的可能性。一是我国对日出口增长继续放缓，甚至出现下降的可能性增加。2012 年对日出口占我国全部出口比重为 7.4%，这一比重存在继续下降的可能性。如果难以找到替代市场，按现阶段水平计算，我国对日出口每下降 1 个百分点，意味着对全球出口将减少 0.07%，在全球市场份额相应下降 7‰左右。二是对日本产品具有较高依赖性的机械设备和关键零部件进口增长放缓，将对国内相关产品供应链安全和企业设备投资带来不利影响。2012 年我国从日本进口占全部进口的比重为 9.8%，比 2011 年降低 1.4 个百分点。从进口结构来看，我国对日本的机械设备进口占全部进口的比重高于其他国家，许多关键零部件进口对日本的依赖性较高。如高档钢铁制品进口占全部同类商品进口的近40%，半导体、集成电路等也在10%以上。其中部分零部件难以找到替代来源。因此，来自日本的进口受阻可能对国内部分产品的供应链造成一定冲击。三是日本对华直接投资的2010年开始的快速增长期提前结束，并存在长期低迷的可能性。根据日方统计，2003年以来（除2006年有小幅下降之外），日本对华直接投资保持增长势头，其中2011年增幅高达74.4%，2012年前3季度在中国吸引外资下降的情况下，仍然实现了17.4%的增长。受中日关系恶化因素的影响，日本企业已经开始调整投资目的地，2012年9～11月期间，日本对华投资减少了5.1%，但面向新加坡、泰国、马来西亚和越南的投资继续保持增长。2013年日本对华直接投资结束增长的可能性较大。根据中国商务部统计，目前日本对华投资项目近5万个，累计投资金额接近800亿美元，占比达6.5%，按国家（地区）排名第三。因此，日本对华投资减少，甚至可能出现部分日企撤资，对我国利用外资的影响将可能长期持续。四是中日双边合作或共同参与的区域经济合作进程可能为此放慢。中日的节能环保合作、金融合作等已经持续多年，双方共同参与的中日韩自贸区和东亚区域伙伴关系建设，如果能够取得实际进展，将对中方具有长期的战略意义。这些进程若因中日关系恶化而长期停滞，并不符合中方利益。为尽可能减少我方损失，维护我国在国际事务和地区事务中的大国形象，建议在政治上保持强大压力，在相关争议地区加大我方针对性措施的实施力度之外，在经济领域创造有利于缓解当前形势的条件。

赵晋平

赵晋平，国务院发展研究中心对外经济研究部副部长，主持研究部工作，研究员。

专题十

新兴经济体的经济走势及其对中国的影响

一、过去十年新兴经济体在全球的经济地位显著提升

关于新兴经济体界定，并无公认的标准。不同的国际组织、金融机构、经济学家都建立了自己的分类标准，从而得到了不同的新兴经济体名单。但是大体而言，新兴经济体是指那些“二战后经济相对快速增长、具有较大经济规模和人口总量、目前人均收入相对较低、经济开放程度较高、具有广泛代表性的发展中经济体”①。本文采用了国际货币基金组织的新兴经济体名单，将阿根廷、巴西、保加利亚、智利、中国、哥伦比亚、匈牙利、印度、印度尼西亚、拉脱维亚、立陶宛、马来西亚、墨西哥、巴基斯坦、秘鲁、菲律宾、波兰、罗马尼亚、俄罗斯、南非、泰国、土耳其、乌克兰、委内瑞拉这 24 个发展中经济体（以下简称 E24）

---

① 张宇燕，田丰：“新兴经济体的界定及其在世界经济格局中的地位”，载于《国际经济评论》2010 年第 4 期。

作为新兴经济体①。由于本文是要从中国的角度研究新兴经济体，所以将中国排除在外，这样 E24 就变为 E23。

在经济总量、货物贸易、吸收外商直接投资和对外直接投资这几个方面，E23 在过去 10 年都有了显著的增长。在好几个指标上，E23 占全球的比重已经可以和主要的发达经济体相比。

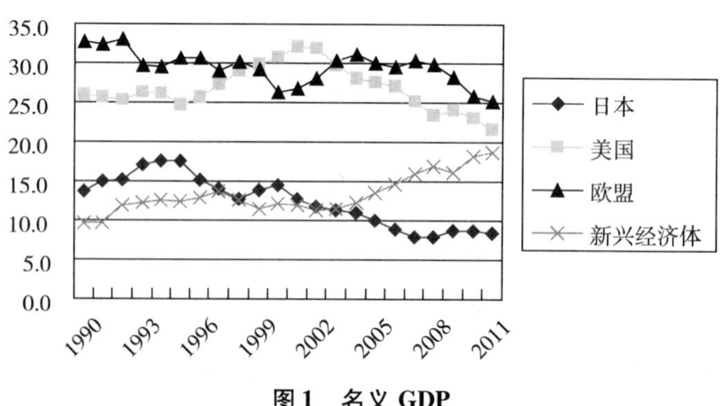

图 1　名义 GDP

资料来源：联合国贸易与发展组织在线数据库。

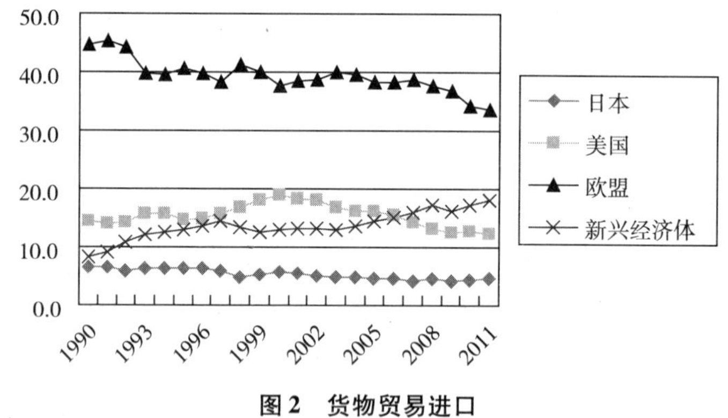

图 2　货物贸易进口

资料来源：联合国贸易与发展组织在线数据库。

2011 年，E23 的名义国民生产总值（GDP，现价美元）为 13.1 万亿

① 国际货币基金组织：《世界经济展望报告》，2012 年 12 月版。

美元，占全球的19%，已经接近美国（15.1万亿美元，占全球22%）和欧盟（17.5万亿美元，占全球25%）。而在2001年，E23的名义GDP还只相当于美国或欧盟的1/3左右。

2011年，E23的货物贸易进口额达到3.3万亿美元，占全球的18%，已是美国（2.3万亿美元，占全球12%）的1.5倍，而在10年前，E23的进口额只有美国的七成。

2011年E23的货物贸易出口额也达到3.3万亿美元，占全球的18%，已相当于美国（1.5万亿美元，占全球8%）的两倍多。

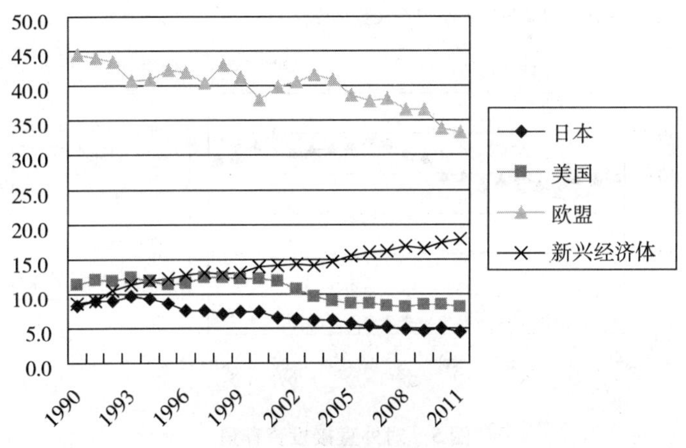

图3　货物贸易出口

资料来源：联合国贸易与发展组织在线数据库。

截至2011年底，E23吸收外商直接投资的存量达到3.3万亿美元，占全球的16%，已接近美国的水平（3.5万亿美元，占全球17%），而在2001年底，E23的外资流入存量还只有美国的30%。

对外投资方面，E23与美国和欧盟相比还有很大差距，但比起10年前也有很大增长。10年间，E23的对外直接投资存量从2300亿美元增加到1.3万亿美元，占全球的份额也从3%上升到6%。

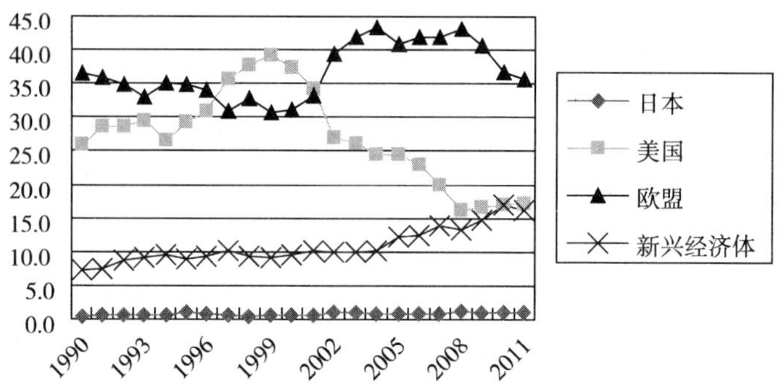

图 4　吸收外商直接投资存量

资料来源：联合国贸易与发展组织在线数据库。

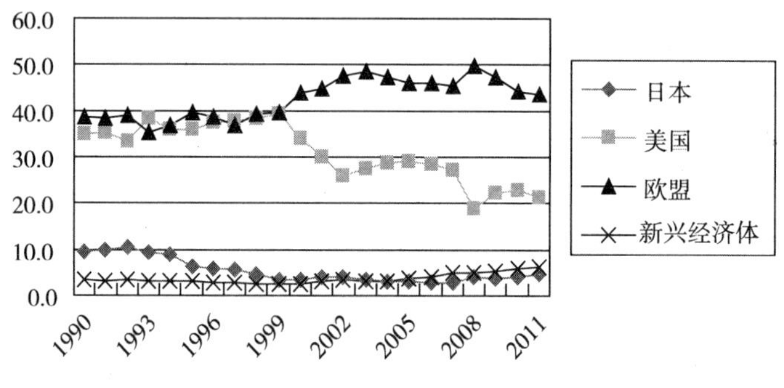

图 5　对外直接投资存量

资料来源：联合国贸易与发展组织在线数据库。

对比 E23 最大的 10 家非金融类跨国公司与发达国家最大的 10 家非金融类跨国公司的海外资产总额，2000 年，前者还不到后者的 5%（420 亿美元对 9500 亿美元），到了 2010 年，这一比例已变为 10%（2400 亿美元对 2.4 万亿美元）①。

① 数据来自联合国贸易与发展组织 2002 年和 2012 年《世界投资报告》。

二、经济改革、技术进步和资源出口是新兴经济体高增长的源泉

巴西、印度、俄罗斯三国（以下简称 E3）是新兴经济体的重要代表。2011 年，三国的国内生产总值（GDP）合计占 E23 的 47%，货物出口合计占 E23 的 33%，进口合计占 32%。截至 2011 年底，吸收外商直接投资存量合计占 E23 的 40%，对外直接投资存量占 53%。与 2001 相比，2011 年 E23 的名义 GDP 增加了 9.3 万亿美元，而 E3 贡献了其中的 52%。鉴于 E3 在新兴经济体当中具有举足轻重的地位，我们就以三国为代表，来分析新兴经济体在过去十年的经济表现及其增长源泉。

（一）E3 在过去十年的经济表现

据联合国贸发组织统计，2001 ~ 2011 年，印度、俄罗斯、巴西的实际 GDP 分别扩大了 113%、58% 和 44%，这个增速在全球 15 个大型经济体中（2011 年名义 GDP 大于 1 万亿美元）分别排名第二、三、五位。

2011 年，巴西、印度和俄罗斯的名义 GDP 已分别达到 2.4 万亿美元、1.9 万亿美元和 1.8 万亿美元，分别是全球第七、第九和第十大经济体，比起十年前的第十四、第十六和第十九都有了大幅度提高。

在 E3 中，印度在过去十年的经济表现最为抢眼。2001 ~ 2010 年，印度实际 GDP 的平均增长率高达 7.7%，大大高于同期发展中经济体（不含中国）的平均增速（4.5%）。而且，7.7% 的平均增速比起 20 世纪 90 年代又提高了 2.2 个百分点。

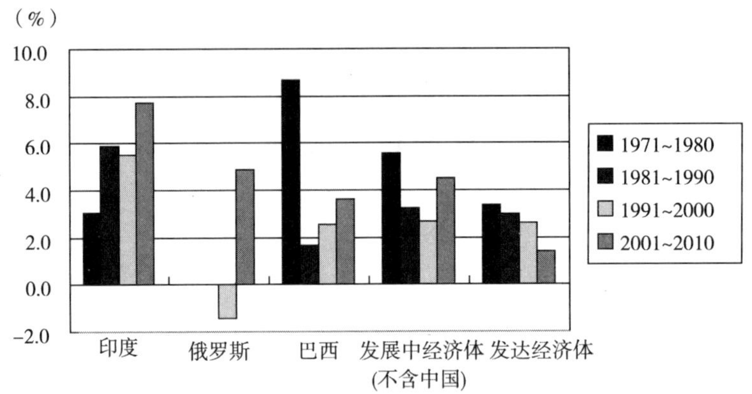

图6 实际 GDP 的平均增长率

注：俄罗斯 1991～2000 年的数据为 1993～2000 年。

资料来源：作者根据联合国贸发组织在线数据库的数据计算。

2001～2010 年，俄罗斯实际 GDP 的平均增长率为 4.9%，也超过了同期发展中经济体（不含中国）的平均增速（4.5%）。而就在 1993～2000 年，俄罗斯实际 GDP 的平均增长率还是 -1.4%。

在经历了 20 世纪 70 年代的高增长之后，巴西经济曾一度跌入低谷。但在经历了 20 年左右的调整之后，巴西经济在 21 世纪重新提速，2001～2010 年的平均增速达到 3.6%。

（二）改革是三国经济起飞的共同内因

经济增长的理论认为，长期经济增长的主要动力有五个，即劳动力、资本、自然资源、技术和制度。从制度层面看，印、俄、巴三国的一个共同特点是都在 20 世纪 90 年代初都进行了大规模的经济改革。印度的拉奥政府在 1991 年颁布了“工业政策宣言”。俄罗斯的叶利钦总统在 1992 年任用盖达尔为总理，采取休克疗法进行经济改革。巴西的科洛尔政府在 1990 年制定了《巴西私有化方案》，继任的卡多佐政府又将私有化与对外开放结合起来。

总体而言，三国的经济改革内容十分相似，主要都包括市场化、贸易投资自由化、国有企业私有化这三个方面，具体措施包括减少政府对经济的干预，允许私人资本（包括外资）进入更多行业，降低贸易壁垒，取消价格管制，放松金融管制，出售国有企业。改革的主要结果，就是市场开始在资源配置中发挥主导作用，同时，国内经济的开放度也大为提高。

在启动大规模改革后，印度经济的表现大为改善，实际 GDP 增长率再也没有低于过 4%，而在 1965 年、1972 年和 1979 年，印度经济都曾出现负增长。由于改革方式更为激进，俄巴两国经济都经历了明显的动荡和调整，巴西在 1992 年出现负增长，1999 年出现金融危机，俄罗斯在 1992～1994 年经历了连续的深度衰退，还在 1998 年经历金融危机，但两国都成功渡过了这些危机，并在进入 21 世纪后实现了经济的持续较快增长。

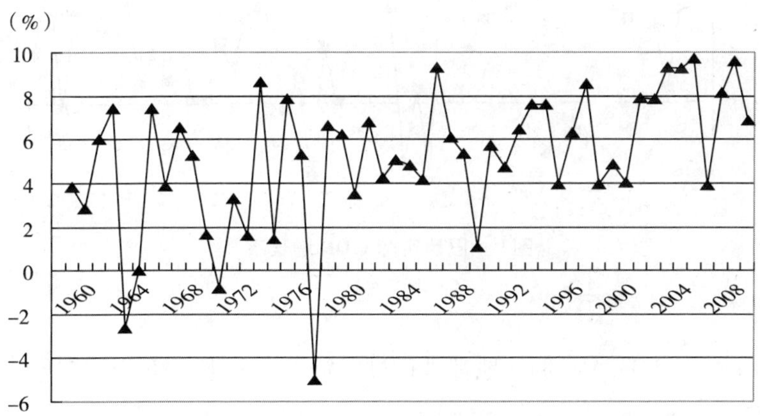

图 7　印度实际 GDP 增长率

资料来源：世界银行数据库。

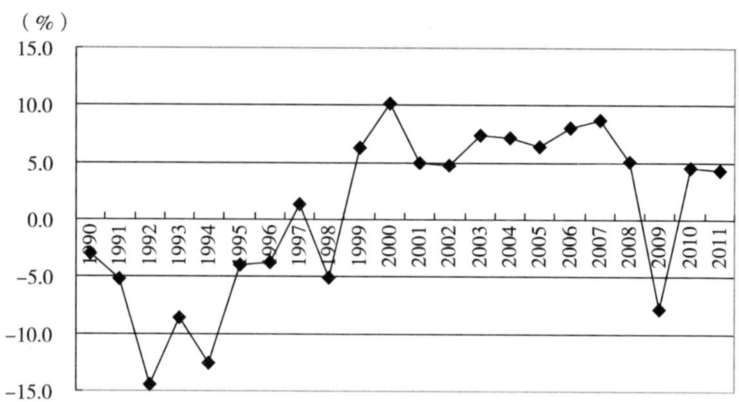

图 8 俄罗斯实际 GDP 增长率

资料来源：世界银行数据库。

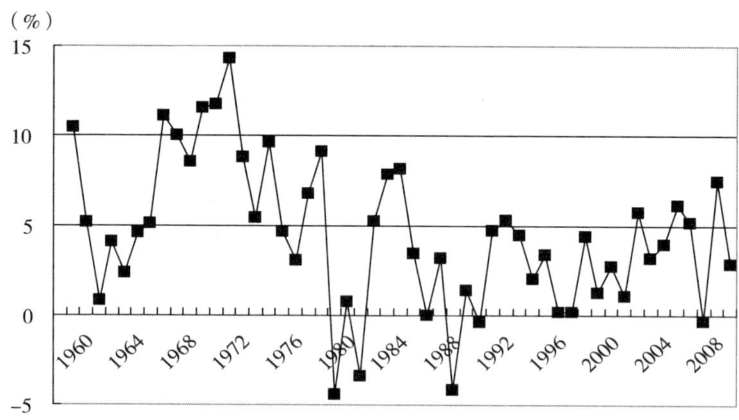

图 9 巴西实际 GDP 增长率

资料来源：世界银行数据库。

实际上，E23 无一例外地都进行过以贸易自由化、经济市场化、企业私有化为主要内容的重大经济改革，而且 E23 当中有 17 个经济体的这类改革都发生在 20 世纪 80 年代末和 90 年代初。所以也可以说，改革是新兴经济体经济起飞的共同内因。

表 1　　E23 进行经济改革的年份

国名	年份	国名	年份	国名	年份
南非	1996	巴西	1990	委内瑞拉	1989
拉脱维亚	1992	哥伦比亚	1990	墨西哥	1988
立陶宛	1992	匈牙利	1990	土耳其	1983
菲律宾	1992	巴基斯坦	1990	智利	1974
俄罗斯	1992	秘鲁	1990	马来西亚	1971
乌克兰	1992	罗马尼亚	1990	泰国	1971
保加利亚	1991	阿根廷	1989	印度尼西亚	1966
印度尼西亚	1991	波兰	1989		

资料来源：作者根据公开文献资料整理。

（三）印度还受益于信息技术革命、服务业大发展和投资增长

实际上，这三者是相互联系的。首先，发端于 20 世纪 70 年代的信息技术革命在 90 年代以后进入发展高峰，芯片技术、个人电脑、互联网的广泛应用使得印度的软件服务业①的大发展成为可能，而发展中国家后发优势效应的存在又为印度软件服务业的兴起提供了有利条件。由于较早投资于软件人才培养，印度在软件服务业的发展上在所有发展中国家中占据了明显的领先地位。2012 年印度的软件服务业的销售额预计将突破 1000 亿美元，在印度 GDP 中所占比重达到 7. 5%②。

在生产要素总量不变的条件下，产业结构的调整也可能使生产要素配置到效率更高的部门，从而提高产出。在这一点上印度获益明显。从图中可见，服务业占印度经济的比重从 1990 年的 42% 提高到 2009 年的 55%，同期农业的比重则从 30% 降至 18%。由于服务业的劳动生产

① 包括软件服务和业务流程外包（BPO）。
② 数据来源：印度软件服务出口协会（NASSCOM）。

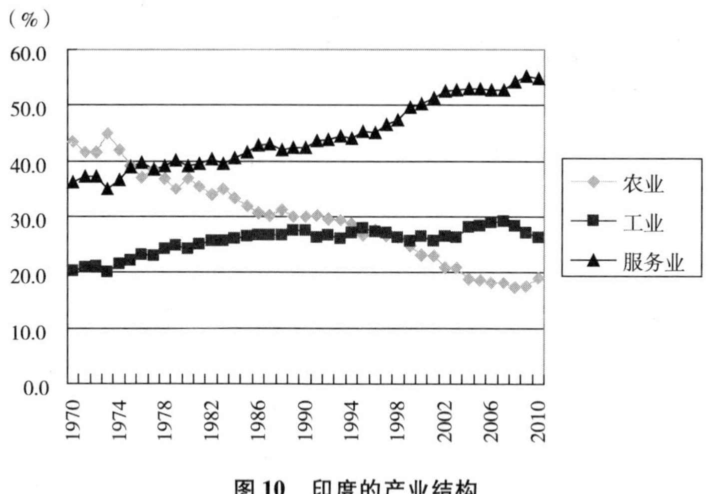

图 10 印度的产业结构

资料来源：联合国贸易与发展组织在线数据库。

率明显高于农业，这极大地促进了印度经济的增长。相比之下，巴西和俄罗斯则没有这个效应。20 世纪 90 年代以来俄罗斯三次产业的比重变化不大，巴西的服务业比重虽然猛增，但替代的主要是工业而非农业的份额。

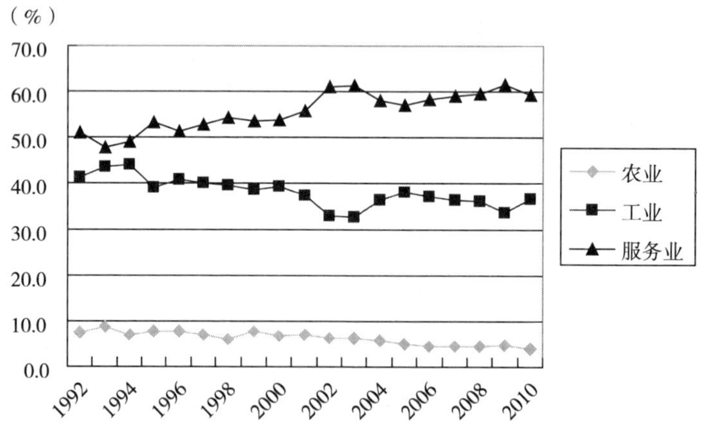

图 11 俄罗斯的产业结构

资料来源：联合国贸易与发展组织在线数据库。

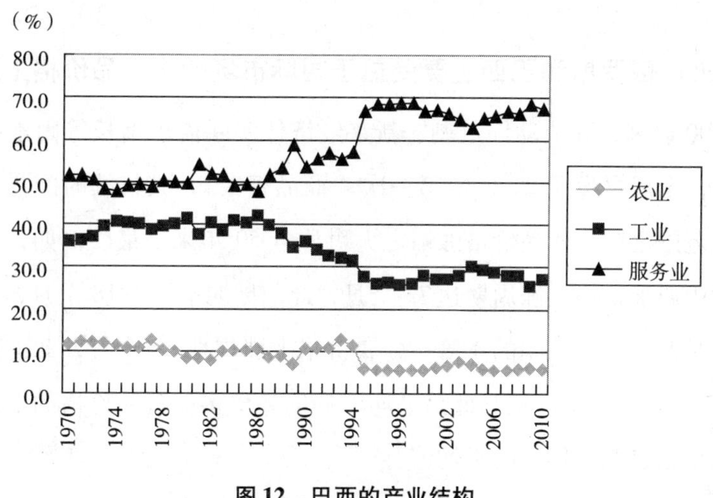

图 12　巴西的产业结构

资料来源：联合国贸易与发展组织在线数据库。

服务业的发展也带来了资本投入的增长。从图中可见，印度在 21 世纪前 10 年的投资率确实明显高于 20 世纪 90 年代，俄罗斯和巴西则并非如此。所以，资本投入的增加也是印度经济加速增长的重要原因之一。

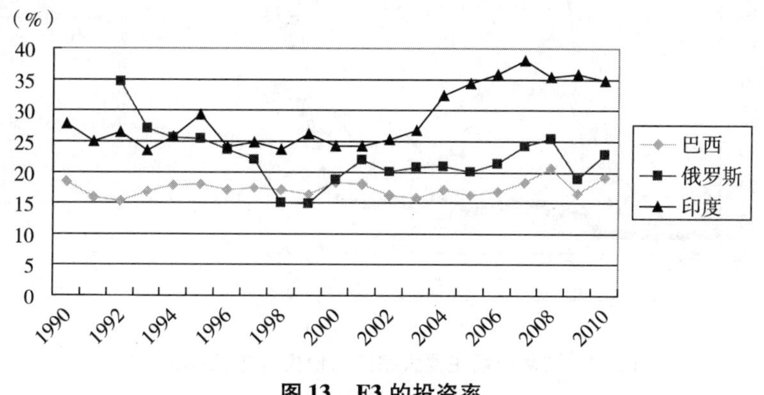

图 13　E3 的投资率

资料来源：联合国贸易与发展组织在线数据库。

（四）俄罗斯和巴西主要受益于国际市场初级产品价格上涨

2000以来，在流动性过剩、新兴经济体实际需求增长等因素的共同作用下，全球爆发了21世纪第一次“商品繁荣”，其持续时间之长、涉及商品范围之广、商品价格涨幅之大堪称近50年来之最。例如，在本次繁荣期中原油价格上涨周期达73个月，此前周期平均为18个月，原油价格涨幅是此前平均涨幅的4倍；金属价格上涨周期58个月，此前周期平均为22个月，价格涨幅是此前平均涨幅的2倍多；食品价格的上涨周期和涨幅也超过此前周期的平均值。

国际市场价格的大幅上涨，使得石油资源丰富的俄罗斯和农业发达的巴西的出口大量增加，显著拉动了经济增长。1995～2008年，俄罗斯出口收入增长了6倍，其中矿产品出口收入增长了9.8倍，仅石油占出口的比重就超过了40%①。从图中可见，商品和服务净出口对俄罗斯GDP

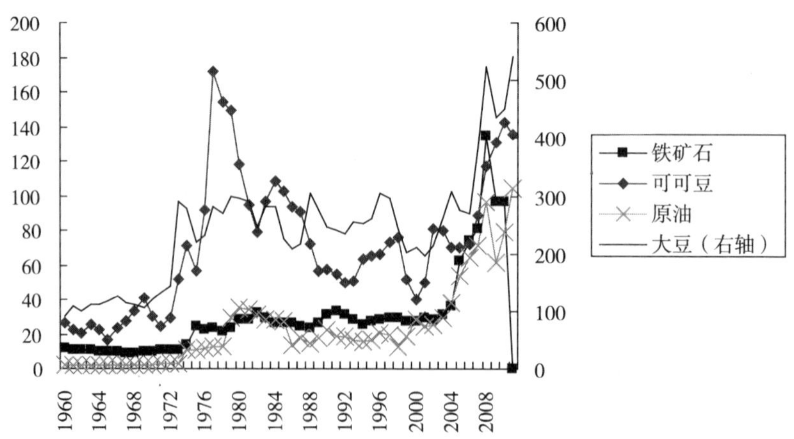

图14 国际市场主要大宗产品价格（单位：美元）

资料来源：联合国贸易与发展组织在线数据库。

① 李天籽，毛彦：“自然资源禀赋、制度和经济转轨”，载于《求是学刊》，2012年11月。

的贡献率在 1999～2006 年期间出现大幅上升，对巴西 GDP 的贡献率也在 2002～2006 显著提高，而出口对经济的拉动效应在印度则并不明显。

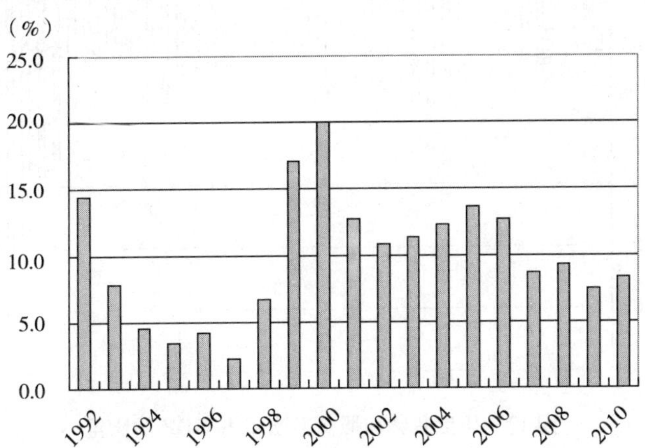

图 15　俄罗斯货物和服务净出口占 GDP 的比重

资料来源：联合国贸易与发展组织在线数据库。

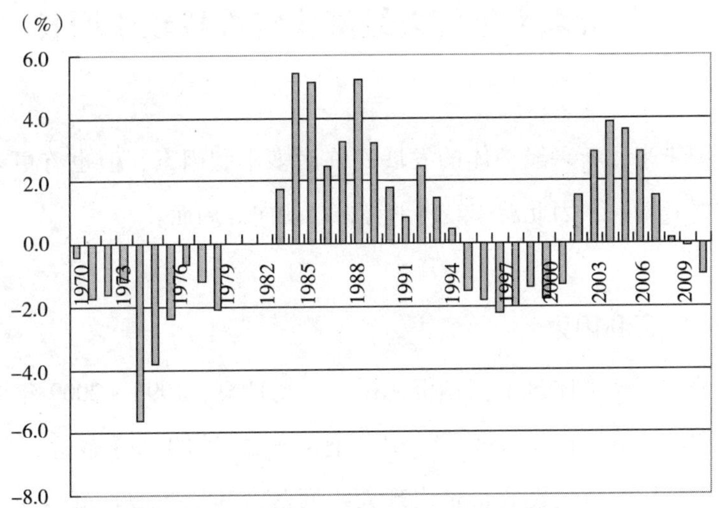

图 16　巴西货物和服务净出口占 GDP 的比重

资料来源：联合国贸易与发展组织在线数据库。

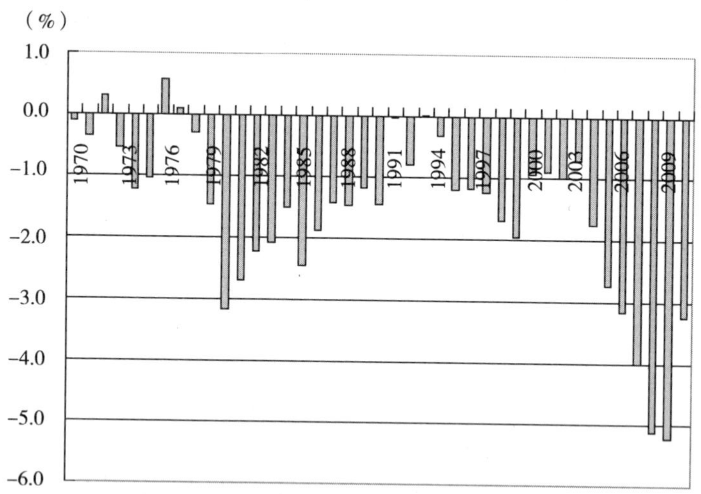

图 17　印度货物和服务净出口占 GDP 的比重

资料来源：联合国贸易与发展组织在线数据库。

三、未来十年新兴经济体将维持较快增长

展望未来，新兴经济体的发展面临诸多不利因素，但也有更多有利因素支撑其增长，因此总体经济形势将维持向好局面。

（一）不利因素

部分新兴经济体过于依赖资源出口。据计算，1993 ~ 2009 年期间国际市场原油价格增长率与俄罗斯 GDP 增长率之间的相关系数达到 0.68①。因此，一旦国际市场能源价格出现大幅回落，其经济增长就会受到巨大冲击。另一方面，资源枯竭的威胁正在增加。据预测，俄罗斯的石油储

① 李天籽，毛彦："自然资源禀赋、制度和经济转轨"，载于《求是学刊》，2012 年 11 月。

备只够用到2030年①。除了俄罗斯，沙特对石油出口、巴西对农产品出口也都有较大的依赖性。

基础设施落后。按国际通行的严格定义，目前印度只有一条高速公路，且其全封闭路段只有200多公里，俄罗斯则连一条标准的高速公路都没有。巴西近90%的铁路建于100年前，火车最高行驶速度仅为每小时40公里。电力不足也是一些国家面临的突出问题。2012年7月底的大停电使印度全国近一半地区的供电中断，逾6亿人口受到影响。

受发达经济体经济低迷影响。在2008年国际金融危机之后，发达经济体普遍深陷公共债务危机，七国集团的成员国中财政状况最好的德国，公共债务占GDP的比例在2011年也超过了80%，美国超过了100%，日本更高达230%②。在债务问题得到妥善解决之前，发达经济体不太可能出现强劲的增长，这将抑制其进口需求，不利于新兴经济体的增长。同时，为刺激经济复苏，主要发达国家纷纷采取货币宽松政策，可能导致全球范围内流动性过剩，给新兴经济体带来资产泡沫和通货膨胀风险。

除此之外，贫富分化、贪污腐败等问题也是新兴经济体持续增长面临的不利因素。

（二）有利因素

新兴经济体的改革将进一步推进，促进增长潜力进一步释放。随着大规模改革初期引起的经济动荡的结束和经济的成功起飞，现有的发展模式已得到公众普遍的认可，因此无论执政党如何变动，继续改革都是唯一的选择。以印度为例，“任何一个未来的印度政府也不会抛弃印度经

① Rustem Nureev：“俄罗斯经济现代化：神话与现实”，《金砖国家发展报告（2012）》，社会科学文献出版社2012年版。

② 数据来源：国际货币基金组织《世界经济展望》数据库2012年10月版。

济与世界经济逐渐融合的策略”①。另一方面，对外开放也能对国内改革形成有力的推动。以2011年底刚刚加入世界贸易组织的俄罗斯为例，其入世承诺将锁定改革进程，推动未来5～10年内进口贸易壁垒的持续下降、行业准入的扩大、法律法规透明度及可预见性的提高。

发达经济体经济持续低迷，将使更多资本、技术和人才流向新兴经济体。从图中可见，发展中经济体的增速在20世纪90年代平均只比发达经济体高出1个百分点，但在21世纪的头10年则平均要高出4个百分点以上，而E23吸收的外商直接投资存量占全球的比重也是在2005年以来出现了显著的提升。更多FDI流向新兴经济体，不仅带去了资本，也带去了先进的技术和经营管理模式。近年来中国留学生回国潮的出现也反映了新兴经济体对人才的吸引力日益增强。由于新兴经济体和发达经济体的“双速增长”局面很可能维持相当一段时间，前者对于生产要素的聚集效应会持续显现。

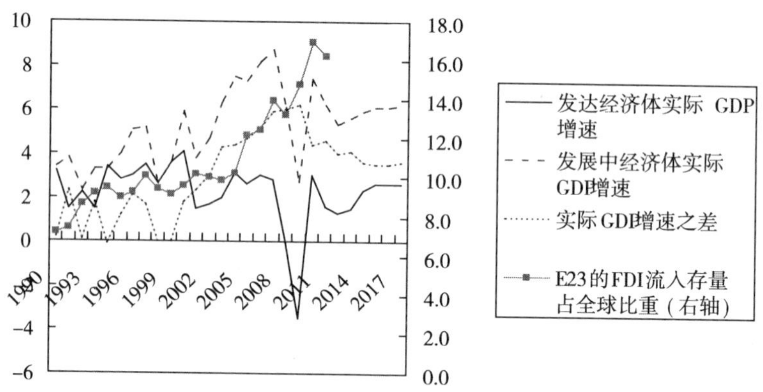

图18 新兴经济体吸收外商直接投资存量与实际GDP增长率的关系

注：从2012年开始的实际GDP增速为预测值。

资料来源：实际GDP增速数据来自国际货币基金组织《世界经济展望》数据库2012年10月版；FDI数据来自联合国贸发组织在线数据库。

---

① 爱德华·卢斯：《不顾诸神：现代印度的奇怪崛起》，张淑芳译，中信出版社2007年版。

随着人均收入水平的提高和消费结构的升级，新兴经济体的国内市场正在形成越来越强的规模效应，将有利于分工的深化和工业生产的扩大。以汽车行业为例，2011 年巴西、俄罗斯和印度的汽车销量分别达到 340 万辆、270 万辆和 230 万辆，已分别是全球第四、第六和第七大汽车市场。市场容量的扩张将吸引更多的企业进行本地化生产，从而推动汽车工业的发展。实际上，俄罗斯汽车产量在 2011 年已突破 200 万辆，同比增速高达 42%[①]。

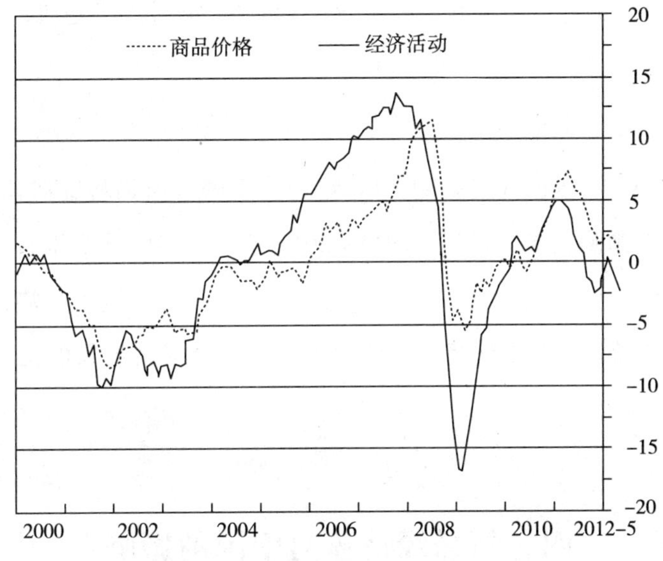

图 19　大宗商品价格与经济活动的关系

资料来源：国际货币基金组织《世界经济展望》2012 年 10 月版。

资源价格再度暴跌的可能性不大。相对于 21 世纪头 10 年，未来 10 年全球经济增速很可能要下一个台阶，但却会相对稳定。由于国际市场大宗商品价格与经济活动存在高度的相关性，预计未来相当长一段时期内大宗商品价格将保持总体稳定。对于那些比较倚重能源、矿产、农产

① 数据来源：国际汽车制造商协会。

品出口的新兴经济体来说，外部市场环境有助于维持其经济的稳定增长。

新兴经济体国际储备充裕，财政状况良好，政府管理宏观经济的经验和能力趋于成熟，有能力维持宏观经济稳定。2001 年 E23 的国际储备总额合计只有 4000 亿美元，而 2011 年已超过 2.2 万亿美元①。与 G7 国家公共债务率普遍超过 80% 的状况相比，新兴经济体的财政状况要稳健得多，2011 年 E23 中有 17 个经济体的债务率都低于 50%，印度和巴西也分别只有 67% 和 65%。更重要的是，印度、巴西和俄罗斯这三个大国均经受过数次金融危机的考验，政府的宏观经济管理能力渐趋成熟。

（三）总体判断

受发达国家增长减速影响，EE 增速将下降，但仍将维持较快增长。据 IMF 最新预测，未来五年（2013～2017 年）发展中经济体的实际 GDP 增长率平均为 6%，明显高于发达国家的 2.3%。按照这个趋势，新兴经济体在全球经济中的地位将进一步上升，对全球经济增长的拉动作用将进一步增强。

四、新兴经济体对中国的影响

（一）中国经济发展对新兴经济体的依赖度将进一步提高

E23 已成为中国第二大出口市场。2011 年，中国货物贸易出口的 18% 都流向了 E23，而欧盟、美国、日本所占比重分别为 19%、17% 和 8%。从总体发展趋势看，新兴经济体和发达经济体在中国出口中的比重

① 资料来源：联合国贸发组织在线数据库。

呈此长彼消的态势。与2001年相比，2011年E23在中国出口中的比重提高了9个百分点，而美国和日本则分别下降了3个百分点和9个百分点，欧盟的比重虽然提高了2个百分点，但2009年以来已连续三年下降。鉴于新兴经济体的增长速度未来很可能继续明显高于发达经济体，预计新兴经济体占中国出口的比重还将进一步提高。

新兴市场将为我国制造业转型升级提供关键性的需求支撑。2011年中国运输设备和机电产品的一般贸易出口分别有59%和48%进入了发展中经济体①，比重分别比2001年提高了7个百分点和10个百分点。与以外商投资企业为主体的加工贸易出口相比，一般贸易出口更多地体现着本土企业的生产活动，因此，上述数据显示了新兴市场对于中国资本技术密集型产业发展的重要意义。目前中国正处于出口价格转型升级的关键时期，劳动密集型产业的成本优势趋于弱化，自主生产的机械、汽车、钢铁等产品刚开始进入国际市场，质量水平还比不上发达国家的产品，但性能价格比较高，另一方面，新兴经济体正处于工业化进程中，对资

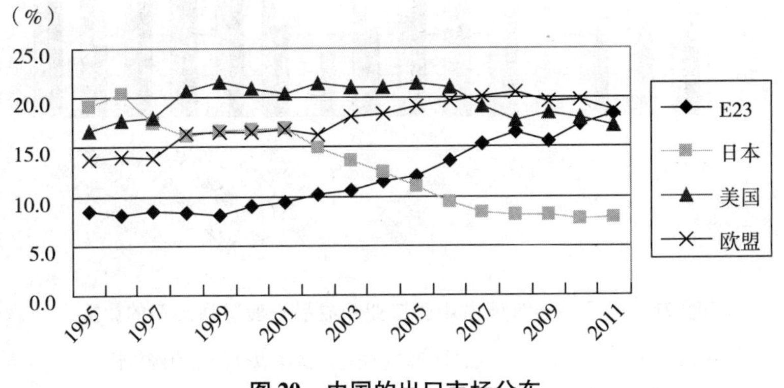

图20　中国的出口市场分布

资料来源：联合国贸发组织在线数据库。

---

① 金额分别为250亿美元和1070亿美元。

本品需求的增长速度也将持续高于已处于后工业化阶段的发达经济体。因此，预计在今后相当一段时期内，中国资本技术密集型产业开拓国际市场的首要目标都会是新兴经济体。

新兴经济体的基础设施建设蕴含巨大的投资机会。为了解决基础设施落后妨碍经济增长的问题，许多新兴大国都制定了大规模的投资计划。印度政府计划在2012～2017年投资约1.2万亿美元用于基础设施建设。南非政府计划在未来15年投资4650亿美元进行基础设施建设。巴西计划在未来30年内投资656亿美元建设高速公路和铁路，其中60%的投资将在未来五年内完成。由于存在巨大的资金缺口，新兴经济体对引入外资持非常积极的态度。这对于在工程承包领域竞争力不断提升且资金实力雄厚的中国企业来说是一个重要的机会。

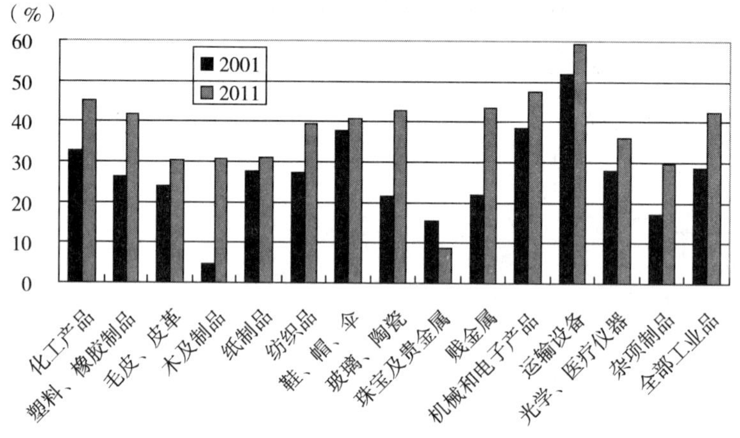

图21 发展中经济体占中国工业制成品一般贸易出口的比重

注：发展中经济体采用IMF的定义，即33个先进经济体以外的所有经济体。
资料来源：中国海关统计。

（二）新兴经济体对中国的依赖度也会持续上升

中国已经成为新兴经济体资源类产品的重要买家。目前，能源、矿产品、农产品在新兴经济体出口中普遍占有较高比重，2011 年初级产品占俄罗斯、巴西、印度全部出口的比例分别为 69%、65%、45%。近年来中国由于工业化的快速推进，初级产品进口需求增长很快，在新兴经济体初级产品出口中的比重快速提升。2011 年，中国市场占巴西初级产品出口的比重已攀升至 25%，而在 2001 年这一比例还只有 5%。同期中国市场占印度、俄罗斯初级产品出口的比重也提升了一倍以上。

目前我国正处于工业化中期，未来 5～10 年工业在国民经济中的比重和工业内部重工业的比重都将保持在高位，即使考虑到能源资源利用效率的进一步提高，我国工业化的进一步推进也势必消耗大量的能源和原材料，对进口的依赖度将进一步提高。由此推测，未来中国在新兴经济体初级产品出口中的比重还会进一步上升。

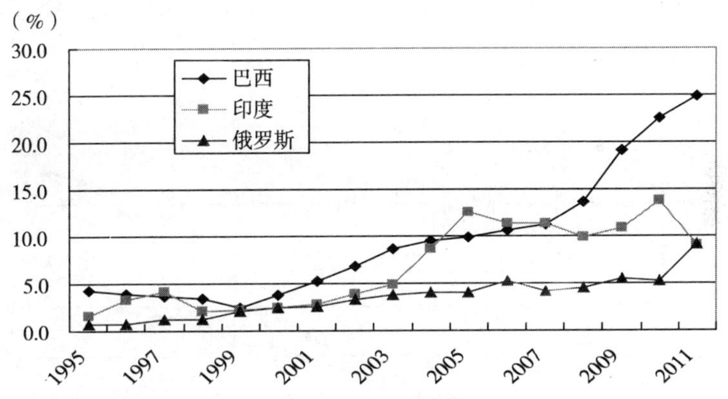

图 22　E3 的初级产品出口对中国的依赖度

资料来源：联合国贸发组织在线数据库。

（三）中国与新兴经济体的制造业之间存在竞争关系

历史经验表明，除了少数拥有丰富自然资源的国家之外，多数国家都必须通过工业化实现经济现代化。即使是自然资源丰富的国家，也大都希望发展自己的工业，借以摆脱对资源的过度依赖。因此，发展中大国都想搞自己的工业化。但是目前，中国制造业的国际竞争力明显强于新兴经济体，中国的工业品不仅在发达国家的市场上占据了很大的份额，同时也大量出口到新兴经济体，对后者的国内工业形成很强的竞争压力。2011 年，俄罗斯、巴西、印度从中国的工业品进口额分别为 500 亿美元、490 亿美元和 310 亿美元，占其工业品进口总额的比重已分别达到 18%、19% 和 28%。

目前，中国与新兴经济体之间基本形成了工业制成品换初级产品的贸易格局，这导致了后者对华贸易的连年逆差。2010 年，共有 82 个对华贸易额超过 10 亿美元的发展中国家中，有 36 个对华出口不及进口的 1/3；在这 36 个国家中又有 20 个对华出口不及进口的 1/10。在这种情况下，就不难理解为什么进入 21 世纪以来，发展中国家已取代发达国家成为对华反倾销的主力。

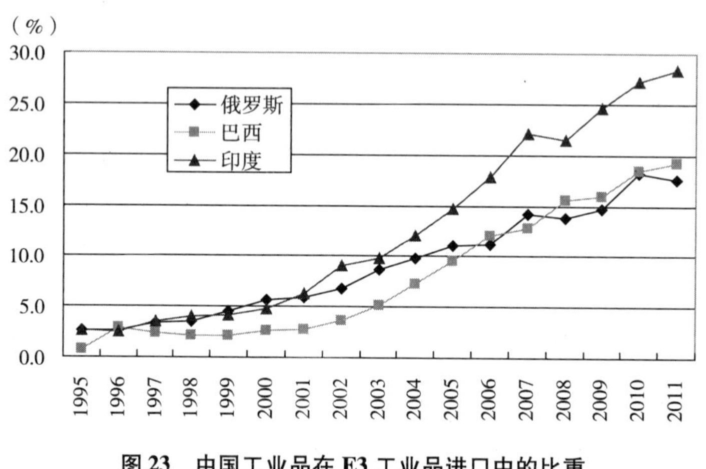

图 23　中国工业品在 E3 工业品进口中的比重

资料来源：联合国贸发组织在线数据库。

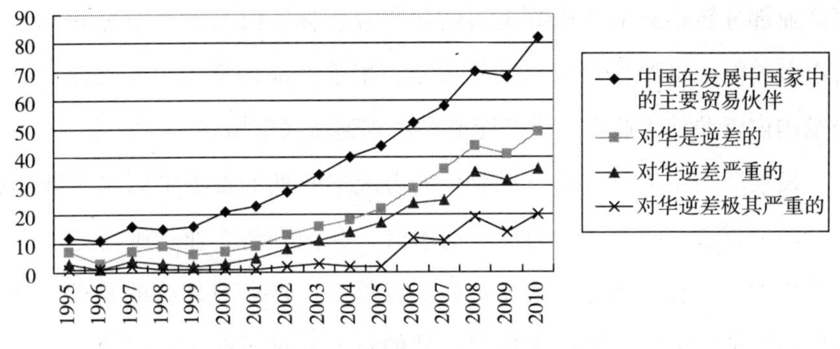

图 24　对华贸易是逆差的发展中国家（个数）

注：①“中国在发展中国家中的主要贸易伙伴”指对华贸易额在 10 亿美元以上的发展中国家；②“对华逆差严重”指对方从中国的进口超过对华出口的 3 倍；③“对华逆差极其严重”指对方从中国的进口超过对华出口的 10 倍。

资料来源：吕刚，张琦，方晋，任希丽：《我国对发展中国家结构性贸易失衡问题研究》，国务院发展研究中心 2011 年度招标课题。作者根据联合国贸发组织在线数据库数据计算。

五、未来中国须着力加强南南合作，实现与新兴经济体的共同发展

随着劳动力成本的逐步提高，中国的制造业将逐步从劳动密集型转向资本技术密集型，而完成这一过程仍需要继续利用好国际和国内两个市场。由于发达国家早已完成工业化进程，经济以服务业为主，不再需要大量的工业投入品，中国资本技术密集型产品出口的大发展要寄希望于新兴经济体工业化所创造的市场需求。如果其他发展中国家的工业发展不起来，中国生产的资本技术密集型产品就会缺乏市场需求，中国自身的产业结构升级也就难以完成。因此，未来中国处理同新兴经济体经贸关系的重点，应在于加大直接投资力度，实现互利共赢和共同发展。

新兴经济体中的主要能源资源出口国一直有发展资源加工业、提高出口产品附加值的愿望。对我国来说，将高能耗和高资源消耗的资源加

工产业部分转移到能源资源丰富的新兴经济体，既有助于节能减排，也可以节约能源资源长距离运输的成本，增强产品的竞争力。因此，应当鼓励国内资源加工业将新增产能更多地放到新兴市场。

发展劳动密集型的轻纺工业是人力成本较低的发展中国家工业化起始阶段的首选。随着劳动力成本的攀升，我国轻纺企业从维持竞争力的角度出发，也有将部分技术复杂程度较低的生产环节外移的要求。对此政府不应加以限制。劳动密集型产品的技术含量不同，对劳动者素质的要求也不同，通过提高劳动者素质，发展技术劳动密集型产业，以及发展那些规模经济效应明显、小国家难以达到经济生产规模的产品，我国完全有可能实现轻纺工业的升级，避免与新兴经济体在低端市场上的恶性竞争。

经过 30 年的高速增长，我国已经形成了规模巨大的国内市场，对其他新兴经济体的吸引力大大增强，未来应结合国内产业政策的调整，进一步扩大市场开放的力度，针对新兴经济体的优势产品主动降低关税，为别国的轻纺工业和资源加工业提供一部分市场。

吕　刚

吕刚，国务院发展研究中心对外经济研究部研究室主任，副研究员。

参考文献
References

[1] 张琦，张小济，吕刚．G20 面临的挑战和中国的对策，国务院发展研究中心专题研究报告，2012

[2] 王岐山在 2012 年 9 月 19 日全球价值链国际研讨会上的讲话．外交评论，2012（4）

[3] 经济全球化新趋势：中国企业的机遇与责任．浙商网，2012 年 2 月

[4] 王新奎．经济全球化新趋势与中国．上海市政府参事室，2012 年 11 月

[5] 新年岁首五问欧债危机．中国青年报，2013－1－7

[6] 迈克尔·斯宾塞．下一次世界大趋同——多速世界经济增长的未来．北京：机械工业出版社，2012

[7] 联合国贸发组织．全球直接投资 2012 年回顾和 2013 年展望．全球投资趋势监测报告，(11)

[8] 王楠．浅析近年来中外双边投资协定的若干特点及问题．法制与经济，2009（6）

[9] 史晓丽．“中日韩投资协定”的构建．东北亚论坛，2011（1）

[10] 安德森．创客：新工业革命．北京：中信出版社，2012

[11] 白春礼．全球科技呈多点突破、交叉汇聚态势．人民日报，2013－1－7

[12] 卡萝塔，佩蕾斯．技术革命与金融资本．北京：中国人民大学出版社，2007

[13] 卡萝塔，佩蕾斯．信息通讯技术、环境与需求增长：全球可持续发展的黄金时代的引擎．2010 年浦江创新论坛研讨会

[14] 大前研一．欧盟的冲击——预测全球经济新格局．长沙：湖南科学技术出版社，2012

[15] 范建军．欧洲主权债务危机爆发的原因、进程和应对之策．国务院发展研究中心调查研究报告，专刊 102 期。

[16] 国务院发展研究中心金融研究所欧洲危机形势跟踪小组．近期欧债危机形势分析．国务院发展研究中心调查研究报告，第 214 号。

[17] 马丁·赛迪克，米歇尔·施瓦青格．欧盟扩大——背景、发展、史实．北京：中央编译出

版社，2012

[18] 沈大伟，艾伯哈德·桑德施耐德．中欧关系——观念、政策与前景．北京：社会科学文献出版社，2010

[19] 王洛林，张宇燕，孙杰．2012 年世界经济形势分析与预测．北京：社会科学文献出版社，2012

[20] 周宏、沈雁南．欧洲发展报告（2010～2011）．北京：社会科学文献出版社，2011

[21] 中国科学院．科技革命与中国的现代化．北京：科学出版社，2009

[22] 张宇燕，田丰．新兴经济体的界定及其在世界经济格局中的地位．国际经济评论，2010（4）

[23] 李天籽，毛彦．自然资源禀赋、制度和经济转轨．求是学刊，2012（11）

[24] 联合国贸易与发展组织（UNCTAD）．世界投资报告，2002

[25] 林跃勤，周文．金砖国家发展报告（2012）．北京：社会科学文献出版社，2012

[26] 爱德华·卢斯．不顾诸神：现代印度的奇怪崛起．张淑芳译．北京：中信出版社，2007

[27] 吕刚，张琦，方晋，任希丽．我国对发展中国家结构性贸易失衡问题研究．国务院发展研究中心招标课题，2011

[28] 吕刚．新形势下我国与发展中国家的经贸关系．国务院发展研究中心调研报告专刊，2008

[29] 陈江生．拉美化陷阱：阿根廷的经济改革与问题．中共石家庄市委党校学报，2005（8）

[30] 陈江生．拉美化陷阱：智利的经济改革与经验．中共石家庄市委党校学报，2005（11）

[31] 杨清．萨利纳斯的改革与墨西哥金融危机．拉丁美洲研究，1995（5）

[32] 徐宝华．哥伦比亚加快改革开放步伐．拉丁美洲研究，1994（6）

[33] 沈红芳．菲律宾新政府的经济改革、调整及其前景展望．世界经济，1987（5）

[34] 阿里·沃德哈纳．印度尼西亚的经济改革：从依赖资源转向国际竞争．南洋资料译丛，1997（2）

[35] 郭振林．发展中国家结构调整的典范：马来西亚经济与金融改革的经验．金融与经济，1991（8）

[36] 曹云华菲律宾经济的现状与前景．亚太经济，1995（6）

[37] 周子勤．秘鲁：采取严厉措施，扭转经济形势．拉丁美洲研究，1992（2）

[38] 江春泽．休克疗法在波兰——1992 年 9 月赴波兰考察印象．世界经济，1993（4）

[39] 黄维民．战后土耳其经济发展的历史考察及评析．西北大学学报，1993（3）

[40] 张怀林．委内瑞拉经济调整初见成效．现代国际关系，1992（5）

致 谢

感谢张军扩研究员和张小济研究员在本项目研究过程中给予大量指导和帮助。其他专家也提出了宝贵修改意见，在此一并表示感谢！

中心专家（按通信名录排序）：刘世锦、侯云春、卢中原、韩俊、余斌、侯永志、徐小青、冯飞、吕薇、葛延风、任兴洲、赵昌文、张承惠、曹小奇、王佩亨、高世楫等。

外部专家（按姓氏笔画排序）：陈凤英、何传启、何曼青、姜跃春、李雪松、刘元春、穆荣平、田丰、王荣军、王雪昆、徐梅、张燕生、张宇燕、周宏等。